실험경제반 선배들의 보내 추천의 글

경제에 대해 전혀 ~~~~~~~~~~~~~~~~~~~~니다. 실험경제반은 돈의 흐름과 세상을 읽는 ~~~~~~~~~~~~~~~~~~습니다.

__ **구자승**, 민족사관고 졸업, 컬럼비아대 경제학과 재학, 2019 대한민국인재상 수상

흥미로운 실험과 게임을 통해 배운 경제 이론과 각종 대회에 참가한 경험 등은 전공 공부뿐만 아니라 금융투자업계 진로 준비에 있어서도 든든한 자양분이 되었습니다. 교과서만으로는 배울 수 없는 살아있는 경제를, 이 책을 통해 많은 후배들이 접할 수 있으면 좋겠습니다.

__ **국선호**, 영일고 졸업, 연세대 경영학과 재학

첫사랑이 왜 오랫동안 기억되는지 한계 효용과 연관 지어 설명해 주신 기억이 납니다. 우리가 흔히 접할 수 있는 다양한 사례와 활동 들로 경제를 정말 쉽게 이해할 수 있었습니다.

__ **권혁중**, 서울과학고 졸업, 경희대 의과대학 재학

실험경제반 활동을 하며 처음으로 꿈을 그릴 수 있었어요. 현재 컴퓨터 공학과 철학을 전공하고 있는데 그때 수업을 듣고 토론하며 논리적 사고를 많이 해 본 경험이 큰 도움이 됩니다.

__ **김종호**, 하나고 졸업, 서울대 자유전공학부 재학

중학교 때 처음 접한 경제학을 재미있게 공부하면서 수학적 사고력도 함께 높아졌어요. 그때 익힌 논리적 사고의 힘을 바탕으로 지금까지도 열심히 경제학을 공부하고 있습니다.

__ **유원석**, 민족사관고 · 도쿄대 경제학부 졸업, 뉴욕대(NYU) 경제학 박사 과정

실험경제반에서 경제 원리를 배우며 경제와 수학이 세상과 소통하는 언어이자 세상을 바라보는 시각이라는 것을 알게 되었습니다. 이런 시각의 전환을 통해 더 큰 세상의 메

커니즘도 이해할 수 있었어요. 사회에 나가기 전 경제적 사고라는 최고의 선물을 주신 선생님께 감사를 드립니다.

　　　　　　　__ **이건학**, 명덕외고 · 연세대 정치외교학과 졸업, GR Korea 어소시어트

형의 추천으로 실험경제반에 들어갔는데 학교 생활이 정말 즐거웠어요. 특히 무인 바자회를 했던 게 기억나네요! 직접 상품을 기획하고 만들고 전시하고, 판매한 금액으로 기부도 하고요. 선생님 덕분에 저희 형제 모두 즐겁게 경제를 배웠습니다.

　　　　　　　　　　　　__ **이휘호**, 하나고 졸업, 서울대 조선해양공학과 재학

실험경제반에서 직접 돈 관리도 해 보고, 몰입감 넘치는 여러 활동을 통해 낯선 경제 이론들을 재미있게 배울 수 있었습니다. 경제 지식이 쌓이니 세상의 다양한 영역에 숨겨진 경제 이론을 발견하고 그것을 일상에 적용해 보면서 더 놀랍고 흥미로운 세상을 알게 됐습니다. 제 인생의 큰 전환점이 되었지요. 이 책을 통해 많은 친구들이 경제 공부의 즐거움을 느낄 수 있길 바랍니다. 　　　　　　__ **장재희**, 호주 애들레이드대 의과대학 재학

실험경제반을 통해 논리적으로 사고하는 법과 여러 사회 현상을 수학적으로 분석하는 법을 배웠고, 이것은 지금도 많은 도움이 됩니다. 독자분들도 이 책과 함께 쉽고 재미있게 경제 원리와 수학적 사고를 체득하고 삶의 지혜와 통찰력을 길러, 본인만의 방식으로 사회에 기여하는 인재가 되길 소망합니다.

　　　　　__ **전민수**, 서울대 대학원 이학박사, 중앙대병원 방사선종양학과 연구교수

우리의 이야기가 책으로 나온다니 정말 기쁩니다! 실험경제반 활동을 하면서 경제학을 실생활에 접목해 재밌게 공부할 수 있었어요. 그때 느낀 경제학에 대한 흥미가 지금까지도 큰 영향을 주고 있습니다. 　　　　__ **정성균**, 명덕외고 졸업, 서울대 경제학부 재학

다양한 실험과 게임을 하면서 경제 원리가 실생활에 어떻게 적용되는지 논리적으로 분석해 보며 좀 더 쉽게 이해할 수 있었고, 덕분에 경제적 사고력도 높아졌어요. 법률 역시 논리적 사고와 이를 실생활에 적용하는 게 중요한 분야여서 항상 많은 영감을 얻고 있습니다!

— **정원식**, 명덕외고 · 고려대 법학과 졸업, 법무법인 광장 변호사

공부라곤 수학과 과학밖에 모르던 제가 선생님과 수업을 하면서 경제와 사회에 처음으로 관심을 갖게 되었어요. 덕분에 지금까지도 꾸준히 관련 공부를 하며 선생님의 수업을 들을 수 있었던 게 얼마나 행운이었는지 생각합니다. 이 책을 통해 많은 사람들이 선생님의 열정과 노력을 알게 되었으면 좋겠어요.

— **최건**, 서울과학고 재학

활동할 게 많은 날이면 선생님께서 많은 양의 수업 재료들을 혼자 들고 오시던 모습이 기억납니다. 공부를 싫어하던 저도 흥미를 느끼고 열심히 수업에 참여했어요. 실험경제반을 통해 우리가 배운 내용이 일상에서 어떻게 힘을 발휘하는지 직접 느낄 수 있었습니다.

— **최동혁**, 영일고 졸업, 건국대 행정학과 재학

직접 중고차 딜러나 차 주인이 되어서 중고차를 사고팔며 '레몬 마켓'을 이해했던 기억이 아직도 생생해요. 과학에만 흥미를 느꼈었는데, 선생님과 수업하면서 경제, 사회과학 전체에 대해 관심을 가지게 되었어요. 실험경제반에서의 경험으로 진로도 바꿀 수 있었어요!

— **최선재**, 민족사관고 재학

작은 교실에서 선생님이 펼쳐 주신 세상이 책으로 확장되어 나온다니 무척 기쁘고 기대가 됩니다. 경제 흐름을 읽고 해석하고, 이를 바탕으로 예측하는 것은 현대인에게 반드시 필요한 능력입니다. 이 책이 여러분의 든든한 발판이 되어 줄 거예요!

— **허용**, 영일고 · 서울대 의과대학 졸업, 가정의학과 전문의

▲ 수업 자료

최강의
실험경제반
아이들

대한민국 상위 1% 10대들의 특별한 경제 수업

최강의 실험경제반 아이들

김나영 지음 · 이인표 감수 · 정진염 그림

Little A

'홈즈'처럼 눈에 보이지 않는 가치를 읽는 힘!

아서 코난 도일(Arthur Conan Doyle)의 〈셜록 홈즈〉 시리즈 중 하나인 '실버 블레이즈'에서 홈즈는 도난당한 비싼 경주마를 찾아 달라는 의뢰를 받습니다. 사건을 조사하던 홈즈는 '밤에 개가 아무런 행동도 하지 않은 것'에 주목합니다. 경주마가 사라질 당시 개가 짖지 않았다는 건 도둑이 평소 그곳을 드나들던 인물이라는 뜻이고, 이 단서는 사건을 해결하는 데 결정적인 역할을 합니다.

개가 짖지 않았다는 사실을 눈치채지 못했던 소설 속 주변 인물들처럼 현실에서도 많은 사람들이 '눈에 보이지 않는 가치'를 놓치는 경우가 많습니다. 물론 홈즈처럼 '눈에 보이지 않는 가치'까지 고려하면서 논리적으로 상황을 판단하기는 쉽지 않아요. 그렇다면 어떻게 해야 홈즈처럼 생각하고 판단할 수 있을까요? 자, 여기서 여러분에게 두 가지 질문을 해 보겠습니다.

1. 알람시계가 고장이 나서 새로 사려고 한다. 크기도 기능도 동일한 알람 시계를 집 앞 A마트는 2만 원, 집과 30분 거리에 있는 B마트는 1만 원에 팔고 있다. 두 곳 중 어느 마트에서 알람시계를 구매하는 게 합리적일까?

2. 이번에는 태블릿PC가 필요하다. A마트는 80만 원, 30분 거리에 있는 B 마트는 79만 원에 팔고 있다면, 어디에서 살 것인가?

언뜻 보면 쉬운 수수께끼 같아 보이지만 놀랍게도 이 질문들은 대 학수학능력 모의평가에 나왔던 문제입니다. 이 질문들의 답은 과연 무엇일까요?

벌써 눈치챈 셜록 홈즈 같은 친구가 있나요? 맞습니다! 사실 이 질 문들에는 정답이 없습니다. 두 질문 모두 B마트를 선택할 때의 편익 은 1만 원이고, 비용은 30분의 가치로 볼 수 있어요. 다시 말해 자신 에게 30분의 가치가 1만 원보다 크다면 A마트를, 1만 원보다 적다면 B마트를 선택하는 게 '합리적'입니다.

저는 실험경제반 첫 수업 시간에 항상 이 질문을 합니다. 흥미로운 건 초반에 많은 학생들이 1번 질문에서는 50퍼센트나 싼 B마트에서 구매한다고 하고, 2번 질문에서는 할인율이 적으니 A마트에서 구매한 다고 답한다는 거예요. 하지만 함께 경제 공부를 하면서 점차 할인율 은 중요하지 않다는 걸 알게 됩니다.

우리가 이 책을 통해 길러야 하는 것이 바로 '이것'이랍니다. 어떤 일을 결정하거나 진행할 때 이를 위해 포기해야 할 것도 함께 고려하는 판단력! 즉, '경제적 사고'는 눈에 보이지 않는 가치까지 생각해 세상을 바라보고, 이를 통해 생활 속에서 일어나는 여러 현상의 의미를 보다 잘 이해할 수 있게 해 줍니다. 경제적 사고력을 높이면 다각적 관점에서 문제를 살펴보고 논리적으로 해결할 수도 있지요.

이 책은 제가 실험경제반에서 수업한 내용을 그대로 담고 있습니다. 실험경제반 교실은 중고차 시장이 되기도 하고, 때로는 예술품 경매장이 되기도 해요. 그 안에서 학생들은 각각의 경제 상황과 역할에 몰입하면서 자연스럽게 경제 원리를 체득하고, 경제적 사고를 통해 스스로 문제를 해결해 나갑니다. '실험경제반'이라는 이름도 살아가는 데 꼭 필요한 기초적인 경제 이론들을 재미있는 실험과 게임을 통해 경험하면서 머리가 아닌 몸으로 익힌다는 의미에서 이름 붙였습니다.

실험경제반에서는 경제에서 빼놓을 수 없는 수학 개념도 다룹니다. 주변 생활, 특히 경제적 맥락 속에서 게임을 하듯 흥미로운 주제를 Q&A 형식으로 풀어냈습니다. 미분, 함수, 확률 등 개념을 이해하는 것조차 부담스러웠다면 이 책을 통해 수학이 우리 삶에 왜 필요한지, 이를 어떻게 활용하는지를 쉽게 이해할 수 있을 거예요.

어느덧 실험경제반을 운영한 지 13년이 되었습니다. 그간 함께 공부했던 친구들은 사회에 나가 경제 정책을 만드는 데 참여하기도 하고, 국제경제기구, 의료·법률 분야 등 여러 영역에서 활동하고 있습니다. 그밖에도 많은 학생들이 합리적이고 현명한 판단과 선택을 하며 자신이 원하는 학교나 직업을 찾아 나다운 삶을 꾸려가고 있습니다.

독자 여러분도 실험경제반 아이들과 함께 경제 이론과 수학 개념을 즐겁게 익히며 '홈즈'처럼 세상을 읽을 수 있는 힘을 키우길 바랍니다.

그럼 지금부터 실험경제반에 들어가 볼까요?

김나영

차례

실험경제반 친구들을 소개합니다! • • • • •

나 선생

경제 교육에 대한 열정이 가득한 선생님이다. 평소에는 차분하고 조용한 성격이지만 실험경제반에서 경매사, 대통령 등으로 능청스럽게 변신해, 학생들이 적극적으로 실험과 게임에 참여하면서 경제 개념을 쉽고 재미있게 이해할 수 있도록 돕는다.

재연 　정치철학자

무엇이든 기록하기 좋아해 그날 배운 내용을 항상 꼼꼼하게 정리해 둔다. 어려서부터 '공정', '정의'에 관심이 많았고 이런 시각으로 각종 사회 문제를 바라본다. 우리가 살아가는 데 밑바탕이 되는 경제의 중요성을 잘 알고 있어 실험경제반에 들어왔다. 정치철학자가 꿈이다.

선아 　경제 관료

실험경제반 수업을 들으며 경제 이론을 좋아하게 되었고, 경제 안정과 성장을 동시에 이룰 수 있도록 돕는 경제 관료가 되겠다는 꿈이 생겼다. 신중하고 조용하지만 필요한 때에는 핵심을 짚어 말한다.

창민 　수리 통계학자

계산이 빠르고 정확해 모두를 놀라게 하곤 한다. 재치가 있고 재미있는 말장난을 잘한다. 다만 하고 싶은 말은 거르지 않고 해서 상대를 당황시키기도 한다. 수리 통계학자가 꿈이다.

경호 성형외과 의사

어떤 게 자신에게 이익이 되는지 빠르게 계산하여 행동하는 편이다.
성형외과 의사가 꿈인데 무슨 일을 하든 경제를 잘 알아야 한다고 생
각해 실험경제반에 들어왔다.

시현 산업 디자이너

예술을 좋아하고 감성적이다. 디자인반에 들어가고 싶었지만 자리가
없어 실험경제반에 왔다. 처음엔 수업에 소극적으로 참여하지만 점
차 경제 공부에 흥미를 느낀다. 사람들의 심리에 기반한 경제적 마케
팅과 디자인이 좋아져 산업 디자이너가 되고 싶어졌다.

재준 프로그래머

컴퓨터, 기계 등을 잘 다뤄서 수업에 필요한 기자재 관리를 돕고 있
다. 성실하고 꼼꼼한 성격이지만 가끔 '욱'할 때가 있다. 자신에게 손
해가 되더라도 공정하지 못한 건 반드시 바로잡고자 한다. 프로그래
머가 꿈이다.

규현 법조인

원리 원칙을 지키는 것을 가장 중요하게 생각해 꼼수를 쓰는 친구들
에게 따끔하게 충고하기도 한다. 법조인이 꿈이며 조세법에 관심이
많아 이상적인 세금 제도에 대해 고민하고 있다.

"제가 실험경제반에 온 이유는요……."

나 선생이 조심스레 교실 문을 열자, 일곱 명의 학생들이 동시에 나 선생의 얼굴을 쳐다봤다.

"얘들아, 안녕? 실험경제반을 맡게 된 김나영이라고 해. 실험경제반에 온 걸 환영해!"

경호와 창민이가 책상을 둥둥 두드리며 말했다.

"저희도 환영해요!"

"앞으로 잘 부탁해. 그럼 돌아가면서 실험경제반에 온 이유를 말해 볼까?"

나 선생의 말에 경호가 가장 먼저 답했다.

"저는 어떻게 행동하는 게 제게 가장 유리한지 경제를 통해 배우러 왔습니다!"

"야, 넌 지금도 그렇게 행동하는 것 같은데?"

창민이가 옆에서 장난스레 말했다.

"경제 원리를 배우면 어떤 행동이 내게 얼마만큼의 이익을 주고, 얼마만큼 비용이 발생하는지 따질 수 있지. 잘 왔어, 경호야."

"저는 어릴 때부터 숫자를 좋아했어요. 요즘 빅데이터다 뭐다 해서 통계학이 뜨고 있잖아요? 데이터를 다루려면 통계도 필요하지만 이를 이용해 미래를 예측하거나 데이터를 활용하려면 경제 공부를 해야겠더라고요. 그래서 왔어요."

약간 건들거리는 목소리로 창민이가 말했다.

"빅데이터, 인공지능 등 4차 산업혁명과 관련해 통계학에 대한 관심이 높아지고 있는데, 창민이가 할 수 있는 일이 많겠는걸! 요즘 경제·금융 분야에서도 통계를 기반으로 한 여러 기술을 적용하고 있어. 로보어드바이저(Robo-advisor, 로봇Robot과 어드바이저Adviser를 합쳐 만든 단어)가 개인 성향과 상황에 맞게 투자 상품도 추천하고 자산 관리도 돕는단 얘기 들어봤니? 경제를 알아 두면 창민이가 하고자 하는 일에 도움이 많이 될 거야. 환영해!"

"저는 디자인반에 가고 싶었는데, 가위바위보에 져서 여기로 왔어요. 숫자나 경제에는 별로 관심이 없고 그림이나 디자인이 좋아요."

시현이가 말했다.

"시현이는 디자인반에 가고 싶었구나. 디자인을 하는 데도 경제 공부가 도움이 될 거야. 예를 들면, 햄버거 가게의 감자튀김을 넣어 주는 종이 박스 있지? 거기도 경제가 숨어 있어."

나 선생은 컴퓨터로 감자튀김 사진을 검색해 아이들에게 보여 주며 말을 이었다.

"종이 박스 아랫부분은 움푹 들어가 있고, 윗부분은 앞면이 낮게 디자인되어 있잖아? 감자튀김을 담았을 때 양이 많아 보이게 하기 위해서야. 적게 담아도 많아 보이니 경제적인 디자인이라고 할 수 있겠지? 색은 빨간색을 사용해서 더 먹음직스럽게 보이게 하고. 이처럼 디자인을 하는 데도 경제적 사고가 도움이 될 거야."

이번에는 규현이가 또랑또랑하게 말했다.

"저는 조세법에 관심이 많아요. 이상적인 세금 제도에 대해 생각하려면 경제 지식이 필요하지 않겠어요? 그래서 왔습니다!"

"규현이는 벌써 구체적인 꿈이 있구나. 세금은 경제에서 빼놓을 수 없는 중요한 부분이지. 환영해!"

열심히 뭔가를 적던 재연이가 고개를 들고 나 선생에게 말하고 싶다는 눈빛을 보냈다.

"이번에는 재연이가 이야기해 볼까?"

"저는 정치철학자가 되고 싶어요. 어릴 때 루소에 대한 책을 읽고 나서 공정성과

사회 정의에 대한 관심이 많아졌어요. 정치든 뭐든 우리 사회의 근간은 경제 체제가 아닌가 싶어요. 경제에 대해 배워서 제 꿈을 실현하는 데 도움을 받고 싶습니다."

재연이가 낭랑한 목소리로 자신의 꿈을 얘기했다.

"그렇구나. 재연이 말이 맞아. 경제는 우리의 삶 어디에나 녹아 있어. 함께 다양한 경제 문제들을 고민해 보자. 이제 얘기 안 한 사람이 누가 있나?"

나 선생이 아이들을 둘러보며 말하자, 재준이는 배시시 웃으며 자신을 시키지 말라는 몸짓을 하며 나 선생의 눈길을 피했다. 선아는 나 선생과 눈이 마주치자 잠시 머뭇거리다 말했다.

"선생님, 저는 딱히 꿈이 없어요. 생물과 화학을 좋아해서 작년까지는 의사가 되고 싶었거든요. 그런데 주변에서 의료 사고를 겪는 걸 보면서 꿈을 접었어요. 그동안 사회 관련 과목에 관심을 두지 않았는데, 이쪽을 공부해 봐도 좋겠다 싶어서 실험경제반에 지원했어요."

선아의 표정은 사뭇 진지했다.

"선아는 의사가 되고 싶었는데 다른 분야도 궁금해졌구나! 다른 분야에 호기심을 갖는 건 좋은 일이지. 근데 재준이는 말하고 싶지 않은 거니? 그렇다면 안 해도 괜찮아."

나 선생이 고개를 끄덕이며 말했다.

"전 프로그래머가 되고 싶은데요. 실험경제반은 엄마가 가라고 해서 왔어요. '실험'이란 말이 좀 끌리기도 했고요."

재준이가 용기가 난듯 머리를 긁적이며 답했다.

"그래, 각자 어떤 이유로 실험경제반에 왔든 우리 생활 속에 숨어 있는 경제 원리를 재미있게 알아보도록 하자! 모두 모두 환영해!"

"선생님, 그런데 왜 동아리 이름이 실험경제반이에요? 뭘 실험해요?"

재준이가 물었다.

"앞으로 재미있는 실험이나 게임을 하면서 경제 이론에 대해 알아 갈 거거든. 기대해도 좋아. 자, 그럼 오늘은 첫날이니까 여기까지 하고 다음 시간에 만나자!"

제1장

선택의 경제학:

모든 경제 문제는 '선택'에서 시작!

재료가 '희소'할수록 가격이 올라가요!

피자 만들기 게임[1]으로 살펴본 희소성의 의미

"수업 첫날인데, 함께 피자를 만들어 볼까?"

나 선생이 유쾌한 목소리로 말했다.

"네? 여기서요? 피자 재료랑 오븐이 없는데 어떻게 구워요?"

경호가 물었다.

"재료는 여기 다 있어. 하지만 모든 사람이 피자를 완성할 수는 없을 거야. 우선 두세 명씩 모둠을 만들어 앉아 보자."

잠시 후, 경호-창민, 선아-재연-규현, 시현-재준, 이렇게 세 모둠으로 앉았다. 나 선생은 가방을 뒤적이더니 작은 사진 여러 개를 고무줄로 묶은 뭉치를 각 모둠에 하나씩 건넸다.

"와, 돈이다! 견본 표시만 없으면 더 진짜 같겠다!"

여기저기서 돈 뭉치를 살펴보며 수군거렸다.

"피자 만들 재료를 살 때 쓸 돈이야. 모두 2만 5,000원씩 받았
는지 확인해 봐!"

"네, 2만 5,000원 맞아요."

"이제부터 선생님이 경매사가 되어 피자 재료를 하나씩 팔 거
야. 1,000원을 최소 단위로 하고 각 모둠에서 사고 싶은 가격을
부르면 돼. 가장 높은 액수를 부르는 모둠에 낙찰되는 거야."

나 선생은 칠판에 피자를 만들 때 필요한 재료들을 적었다.

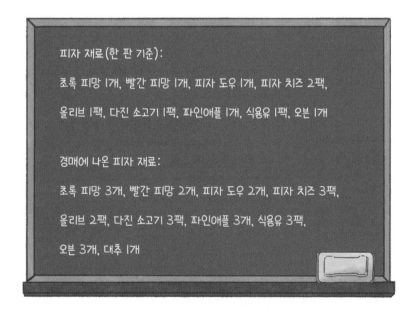

피자 재료(한 판 기준):

초록 피망 1개, 빨간 피망 1개, 피자 도우 1개, 피자 치즈 2팩,

올리브 1팩, 다진 소고기 1팩, 파인애플 1개, 식용유 1팩, 오븐 1개

경매에 나온 피자 재료:

초록 피망 3개, 빨간 피망 2개, 피자 도우 2개, 피자 치즈 3팩,

올리브 2팩, 다진 소고기 3팩, 파인애플 3개, 식용유 3팩,

오븐 3개, 대추 1개

"여러분! 경매사 나 선생 인사드립니다. 먼저 규칙을 알려 줄게요. 각 모둠은 가지고 있는 예산으로 피자 한 판을 완성해야 해요. 피자는 칠판에 적어 놓은 '피자 재료'를 모두 낙찰받으면 완성돼요. 재료가 하나라도 부족하면 피자를 완성할 수 없어요. 아셨죠? 아! 그리고 모둠 간의 재료 거래는 안 돼요! 꼭 경매를 통해 재료를 낙찰받으세요! 그럼, 경매를 시작해 볼까요? 먼저 초록색 피망! 자, 초록 피망 한 개 사실 분, 금액을 불러 주세요!"

1,000원!
2,000원!
3,000원!

초록 피망을 가져가기 위해 아이들의 목소리가 높아졌다.

더 이상 없나요? 그럼 시현-재준 모둠에 낙찰입니다.

나 선생은 초록 피망 사진을 시현-재준 모둠에 건네주고 3,000원을 받았다.

초록 피망 하나, 다시 경매 시작합니다!

1,000원!

…….

더 이상 없으신가요? 경호-창민 모둠에 낙찰!

나 선생은 초록 피망을 경호-창민 모둠에 건네고 1,000원을 받았다. 마지막 초록 피망은 선아-재연-규현 모둠에 1,000원에 낙찰되었고, 다진 소고기, 파인애플, 식용유, 오븐은 세 모둠에 각각 1,000원씩에 낙찰되었다.

이제 빨간 피망이에요. 두 개네요! 꽤 경쟁이 치열하겠는데요. 자, 빨간 피망 한 개 경매 시작합니다.

4,000원.

5……!

경매 금액이 1,000원씩 올라가다 선아가 '5,000원'을 외치려 하자 옆에서 급하게 재연이가 말렸다. 나 선생은 손을 든 아이들이 더 없는지 한 번 더 둘러본 후 빙긋 웃었다.

5,000원, 정말 없으신가요? 그럼 4,000원에 경호-창민 모둠에 낙찰입니다. 다시 빨간 피망 경매 들어갑니다!

경매 금액이 1,000원씩 급하게 올라갔다. 그때 시현-재준 모둠이 5,000원을 외치자, 주변이 조용해졌다.

 마지막 빨간 피망, 원하는 모둠 더 없나요?

(손을 들며) 6,000원!

선아야, 너무 비싸!

이번에 못 사면 피자를 완성할 수 없어!

6,000원 나왔습니다. 더 이상 없으신가요?

(다급하게) 7,000원이요!

그럼 저흰 8,000원!!

두 모둠의 치열한 경쟁을 모두 침을 꼴깍 삼키며 지켜봤다.

 9,000원!

1만 원……!

나 선생이 시현이를 바라보자 시현이는 고개를 가로저었다.

 마지막 빨간 피망은 선아-재연-규현 모둠에 낙찰되었습니다!

올리브 두 팩은 각각 2,000원, 3,000원에, 피자 도우 두 개는 3,000원, 2,000원에 낙찰되었다. 이제 피자 치즈와 대추만 남았다. 지금까지 모든 재료를 구매한 모둠은 경호-창민, 선아-재연-규현 두 모둠이었다.

 피자 치즈는 세 팩이 있는데요, 칠판에 적혀 있는 대로 피자 하나에 피자 치즈 두 팩이 필요하단 건 아시죠? 그럼 시작할까요?

 2,000원!

 3,000원!

 4,000원!

 5,000원!

나 선생이 경호를 바라보자 경호는 고개를 저었다.

 자, 피자 치즈 5,000원에 낙찰입니다. 이제 두 번째 피자 치즈예요!

 1,000원!

 2,000원!

나 선생이 선아를 바라봤다.

 저희 돈이 떨어졌어요.

다른 분 안 계신가요? 그럼 2,000원에 낙찰? (조금 기다리
다) 경호-창민 모둠에 2,000원에 낙찰되었습니다. 그럼,
마지막 피자 치즈 경매 시작합니다!

 1,000원!

경호가 외친 후, 아무런 소리도 들리지 않았다.

 어차피 다른 재료를 못 구해서요.

마지막 피자 치즈도 경호-창민 모둠에 낙찰되었다.

 그럼 이제 마지막으로 대추 경매를 시작할게요! 어머!
세상에서 단 하나뿐인 대추인데, 정말 아무도 없나요?

어느 모둠에서도 대추를 사려고 하지 않았다.

자원의 희소성,
대추는 하나밖에 없는데 왜 저렴할까?

"이것으로 피자 재료 경매를 마칠게요. 완성한 모둠 있나요?"

"저희요!"

경호와 창민이가 일어나 하이파이브를 하며 외쳤다.

"저희 모둠은 피자 재료를 모두 구했어요. 돈도 8,000원이나 남았어요!"

"경호-창민 모둠이 팀워크가 좋네! 축하해."

나 선생은 우승 상품으로 경호와 창민이에게 노트를 하나씩 건넸다.

"애들아, 근데 이상하지 않아? 대추는 한 개밖에 없는데 왜 아무도 사지 않았을까? 또 소고기나 피자 치즈는 세 팩씩 있었는데, 피자 치즈가 더 비싸게 팔렸잖아?"

"음…… 대추야 뭐, 필요가 없으니까 아무도 안 산 거죠."

시현이가 말했다.

"소고기, 초록 피망, 오븐은요, 저희가 세 모둠이고 한 모둠에 한 개씩 필요하니까 모자라지 않아요. 그러니까 최소 단위인 1,000원에 살 수 있었어요. 처음에 초록 피망을 비싸게 산 시현이네 모둠이 바보죠."

경호가 시현이를 바라보며 말했다.

"야, 뭐라고?"

시현이와 재준이가 동시에 경호를 쏘아보며 말했다.

"아니, 바보는 취소! 근데 초록 피망은 1,000원에 살 수 있었던 거 맞잖아."

경호가 어깨를 으쓱하며 말했다.

"그러네요. 세 팩이었던 소고기는 한 모둠에 하나씩 필요한 재료였기 때문에 별다른 경쟁 없이 각 모둠이 살 수 있었어요. 동일하게 세 팩이었던 피자 치즈는 한 모둠에 두 팩씩 필요했기 때문에 경쟁이 되어서 비쌀 수밖에 없었고요. 마지막 피자 치즈는 경쟁자가 없어서 1,000원에 팔린 거고요."

재연이가 메모한 수첩을 보며 말했다.

"그래, 잘 파악했어. 그럼 빨강 피망은 왜 비싸게 팔렸을까?"

"이것도 모자라서요. 빨강 피망은 두 개였는데 세 모둠 모두 필요한 거였잖아요! 그래서 제가 비싼 값을 내서라도 샀던 거고요."

선아가 말했다.

"우리 실험경제반 친구들, 첫날부터 대단한데? 혹시 '희소하다'란 말 들어 본 적 있니?"

"네, 희소하다는 건 적다는 얘기죠?"

규현이가 말했다.

"아니, 반만 맞아. 대추는 한 개였는데 사고자 하는 사람이 없었잖아? 이때는 희소하다고 하지 않아. 반면 빨간 피망이나 피자 치즈는 대추보다 양이 많았지만 각 모둠이 원하는 양보다 부족했고. 이런 경우에 희소하다고 해. 희소성."

"아, 그러니까 희소성은 '사람들이 원하는 양에 비해 부족한 정도'를 말하는 거군요?"

나 선생의 말에 재연이가 이어서 정리했다.

"재연이 말이 맞아. 희소하다는 건 절대적인 양이 적다는 게 아니라 사람들이 원하는 양에 비해 부족한 걸 말해. 부족한 정도가 클수록 희소성이 큰 거야. 우리한테 돈과 시간, 여러 자원이 부족하지 않고 풍족하다면 좋겠지만 그렇지 못하지. 이를 '자원의 희소성'이라고 해. 그래서 우리는 '선택'을 해야 할 때가 많아. 이게 모든 경제 문제의 시작점이라 할 수 있어! 자, 그럼 다음 시간엔 자원이 부족한 상황에서 어떻게 현명하게 판단하고 선택할 수 있을지, 선택의 방법에 대해 알아보자. 오늘 수업은 여기서 끝!"

인생은 B와 D 사이의 C다

놀이공원 게임을 통해 이해하는 편익과 기회 비용

"우리 인생은 B와 D 사이의 C야!"

나 선생의 뜬금없는 말에 아이들은 멍하니 나 선생의 얼굴을 바라봤다.

"Birth와 Death 사이의 Choice! 우리 인생은 선택의 연속이란 거지. 장 폴 사르트르(Jean Paul Sartre)라는 프랑스 철학자가 한 말이야. 오늘의 주제는 바로 '선택'이란 말씀!"

"우리 인생이 선택의 연속인 건 맞죠. 점심으로 짜장면을 먹을까 햄버거를 먹을까 고민하고 있었거든요!"

"하여간 쟤는 항상 먹는 얘길 한다니까. 전 오늘 자습시간에 영어를 공부할까 수학을 공부할까 선택의 기로에 있었어요!"

경호의 말에 창민이가 장난스레 맞받아쳤다.

"우린 뭔가를 할 때 선택해야 하는 경우가 많아. 뭘 먹을지, 어떤 일을 먼저 할지, 휴가를 어디로 갈지……. 만약 우리에게 무수히 많은 돈과 시간, 자원이 있다면 어떨까?"

"선택할 필요가 없죠. 다 하면 되잖아요."

규현이가 말했다.

"맞아. 지난번 피자 만들기 게임을 하면서 원하는 것에 비해 부족한 자원, 즉 희소성 때문에 선택해야 하는 문제가 생긴다는 걸 알게 됐어. 오늘은 부족한 상황에서 어떤 기준으로 선택해야 하는지, 그리고 어떻게 해야 그 결과에 대해 후회가 없을지 생각해 보려고 해."

"앗, 그럼 오늘은 그냥 공부해요? 게임은 안 해요?"

시현이가 실망한 듯 말했다.

"그럴 리가. 오늘은 우리 모두 놀이공원에 위치한 가게의 사장이 될 거야!"

"앗싸, 사장이란다!"

"그럼 오늘도 모둠별로 앉아 보자."

이번에는 경호-재준, 재연-선아, 창민-규현-시현, 세 모둠으로 앉았다.

매출액과 이윤, 놀이공원에 어떤 음식점을 입점해야 할까?

나 선생은 각 모둠에 종이를 하나씩 건네며 말했다.

"이건 놀이공원 지도야. 놀이 시설 사이에 빈 공간이 네 군데 보이지? 거기에 음식점을 개업하는 게 오늘의 미션이야."

"아, 여기구나! 롤러코스터 옆에, 회전목마 옆에도 있어."

재준이가 놀이공원 지도를 살펴보며 말했다.

"음식점은 각 공간마다 하나씩 들어갈 수 있어. 입점시키고 싶은 음식점은 여기서 선택하면 돼."

나 선생은 음식점이 인쇄된 종이를 각 모둠에 건네주었다. 종이의 앞면에는 '맛나 치킨', '짜요 짜장면', '나폴리 피자', '야미 불고기'가, 뒷면에는 '매콤 떡볶이', '달콤 디저트', '얼큰 만둣국', '멕스 타코'라는 음식점이 인쇄되어 있었다.

"양면에 인쇄된 음식점은 총 여덟 개야. 그중 네 개를 선택해서 놀이공원 지도에 붙이는 거야. 무턱대고 고르면 실험경제반이 아니겠지? 내가 미리 시장 조사를 했어. 각 음식점의 일주일 예상 매출액과 운영 비용은 여기 보이는 표를 참고하면 돼."

나 선생은 교실 스크린에 표를 띄웠다.

음식점의 예상 매출액과 운영 비용

음식점	매출액	운영 비용	이윤	음식점	매출액	운영 비용	이윤
맛나 치킨	400만 원	100만 원		매콤 떡볶이	350만 원	30만 원	
짜요 짜장면	420만 원	120만 원		달콤 디저트	400만 원	50만 원	
나폴리 피자	300만 원	50만 원		얼큰 만둣국	340만 원	100만 원	
야미 불고기	480만 원	180만 원		멕스 타코	380만 원	70만 원	

"표가 알록달록하네요?"

시현이가 말했다.

"색을 다르게 한 이유가 있어."

"어, '맛나 치킨' 뒷면에 '매콤 떡볶이'가 인쇄되어 있어요! '짜요 짜장면' 뒷면에는 '달콤 디저트'가 있고요. 같은 색깔끼리 앞뒤로 배치하셨네요? 이러면 저희 맘대로 못 고르잖아요!"

규현이가 놀란 표정으로 말했다.

"같은 색깔의 두 음식점 중에서 한 가지를 골라야 해. 언제나 뭔가를 선택할 때 포기하는 게 생기기 마련이잖아?"

"매출액, 운영 비용? 들어는 봤는데 정확한 의미를 모르겠어요."

재준이가 머리를 긁적이며 말했다.

"한 그릇에 3,000원인 짜장면을 열 그릇 팔면 얼마를 받을까?"

"그야 3만 원이죠."

"그게 매출액이야. 어떤 상품의 매출액이라 하면, '가격×판매량'이라고 보면 돼. 그런데 짜장면 열 그릇을 팔면 3만 원의 이득이 생기는 걸까?"

"아니요. 짜장면을 만들려면 밀가루랑 돼지고기도 필요하고, 또 종업원이 있다면 월급도 줘야 해요."

"그래, 운영하는 데 드는 비용을 제외해야 진짜 이익이 나와. 매출액에서 운영 비용을 빼서 순이익을 구하는 거지. 이걸 '이윤'이라고 표현해."

"'맛나 치킨'이랑 '매콤 떡볶이' 중에 하나를 선택해야 하니까 두 곳의 이윤을 비교해 보면 되겠군요?"

"자, 그럼 모둠별로 어느 위치에 어떤 음식점을 배치할지 결정해 보자. 시작!"

여기저기서 상의하는 소리가 들렸다.

"이윤을 먼저 계산하자. 각 음식점의 예상 이윤을!"

"그래, 내가 저 표에 적을게. 쌤! 컴퓨터 좀 써도 돼요? 표에 이윤을 계산해 적어 보려고요."

경호와 재준이가 함께 계산하며 표를 완성했다.

음식점의 예상 이윤

음식점	매출액	운영 비용	이윤	음식점	매출액	운영 비용	이윤
맛나 치킨	400만 원	100만 원	300만 원	매콤 떡볶이	350만 원	30만 원	320만 원
짜요 짜장면	420만 원	120만 원	300만 원	달콤 디저트	400만 원	50만 원	350만 원
나폴리 피자	300만 원	50만 원	250만 원	얼큰 만둣국	340만 원	100만 원	240만 원
야미 불고기	480만 원	180만 원	300만 원	멕스 타코	380만 원	70만 원	310만 원

"우선 노란 셀에선 '매콤 떡볶이'를 선택해야겠어. '맛나 치킨'이 매출액은 더 많은데 운영 비용까지 생각하면 '매콤 떡볶이'가 이윤이 더 많아. 주황 셀에서는 '달콤 디저트'!"

"난 짜장면이 더 끌리는데?"

"야, 돈을 많이 벌어야지! 네가 좋다고 짜장면 가게를 차리냐? 짜장면은 집에서 많이 드시고요."

경호와 재준이는 이윤을 극대화하는 방향으로 음식점을 하나씩 결정해 놀이공원 지도에 붙였다. 나 선생은 진지하게 논의 중인 재연-선아 모둠으로 슬며시 가서 대화를 들었다.

"입점할 음식점의 위치도 중요할 것 같아."

"회전목마는 주로 어린아이들이 타니까 매운 떡볶이보다는 피자를 더 먹지 않겠어? 회전목마 옆엔 피자집을 두는 게 어때?"

"그래, 그러자. 그런데 우리가 각 셀마다 이윤이 높은 걸 고르다 보니 어른들이 좋아할 만한 메뉴가 없어. 떡볶이, 디저트, 피자, 타코 모두 어린이나 우리 같은 학생들이 좋아할 만한 메뉴 아닌가? 불고기나 만둣국처럼 어른들이 좋아할 만한 메뉴도 한 집 정도는 있어야 하지 않을까?"

"맞아. 예상 이윤을 고려해서 음식점을 골랐지만 장기적으로 볼 때, 어른들이 좋아할 메뉴가 하나쯤은 있어야 부모들이 아이들을 데리고 놀이공원에 자주 올 것 같아."

이때 나 선생이 끼어들어 말했다.

"와, 굉장한 논의를 하고 있구나! 나는 어느 위치에서 건 매출액과 운영 비용이 같다고 두었는데 실제로는 그렇지 않을 수 있지."

"네, 맞아요. 놀이기구마다 특성이 다르니까요. 그래서 저희는 어린이들이 많이 타는 회전목마 옆에 '나폴리 피자'를 두려고요."

"롤러코스터는 우리 같은 학생들이나 언니, 오빠 들이 많이 타니까, 우리가 가장 좋아하는 메뉴를 그 앞에 배치하면 어떨까 해요. 그런데 치킨이랑 떡볶이 중에 뭘 고를지 고민이에요. 둘 다 너무 좋아하는 메뉴여서 어느 쪽을 포기해야 할지 모르겠어요!"

선아의 말에 재연이가 질문을 던졌다.

"나도 둘 다 좋아. 그래도 우리 둘 다 치킨을 더 자주 먹으니까

'맛나 치킨'을 골랐다고 해 볼게. 우리 이윤은 얼마일까?"

"매출액 400만 원에서 운영 비용을 빼면 300만 원이나 벌었네. 이윤이 그 정도 남으면 괜찮은 장사 아닌가?"

"선아야! 그렇게만 생각해선 안 돼. 우리가 포기한 것도 생각해야지!"

재연이가 어깨를 으쓱하며 말했다.

"포기한 거? 아, 떡볶이?"

선아의 말에 재연이는 손가락으로 오케이 사인을 보냈다.

"방금 선아와 재연이가 아주 의미 있는 대화를 했어!"

"저희도 치킨이랑 떡볶이 사이에서 엄청 갈등하고 있었어요!"

나 선생의 말을 들은 옆 모둠 시현이가 말을 이었다.

"다들 '맛나 치킨'이랑 '매콤 떡볶이' 사이에서 고민한 모양이네."

실험경제반 아이들 모두 고개를 끄덕였다.

"하필 우리가 가장 좋아하는 메뉴 두 개를 묶어 두어서 어쩔 수 없이 하나를 택해야 했어요!"

"맞아. 우리 생활 속에도 이런 선택의 순간이 자주 있을 거야. 이럴 땐, '포기하는 것의 가치'도 함께 따져 봐야 해."

기회 비용,
눈에 보이지 않는 비용도 포함된다!

"포기하는 것의 가치요?"

"여기선 '매콤 떡볶이'를 선택했을 때의 이익이 포기한 것의 가치죠?"

시현이와 선아가 이어서 말했다.

"맞아. 선택하는 기준은 사람마다 다를 수 있지만 이번 게임에서는 이윤을 가장 중요하게 생각하고 고르자. 재연이가 말한 대로 '맛나 치킨'을 선택했다고 해 볼게. 다 같이 한번 생각해 보자. 400만 원의 매출액에서 운영 비용인 100만 원을 제외하고 이윤을 300만 원 남겼으니 합리적인 선택을 한 걸까?"

"당연히 아니죠! '매콤 떡볶이'를 선택했다면 이윤이 320만 원이었을 테니까요."

재연이가 낭랑한 목소리로 말했다.

"와, 정말 척척이네. 우리 주변에서도 비용을 생각할 때 눈에 보이는 비용, 즉 내가 실제로 쓴 돈만 생각하는 경우가 많을 거야. 그런데 우리가 여러 대안 중 하나를 선택했다면 포기한 게 있을 거잖아? 포기한 대안 중 가장 아쉬운 것의 가치도 포함시키는 게 경제적 비용 개념이야. 이처럼 눈에 보이지 않는 비용도 포함하는 경제적 비용을 '기회 비용'이라고 불러."

"기회 비용? 기회를 포기했다는 의미에서 기회 비용인가?"

나 선생의 설명에 재연이는 우쭐해 했고, 규현이는 기회 비용이라는 단어에 관심을 보였다.

"치킨집을 선택함으로써 떡볶이집을 포기했잖아? 떡볶이집을 선택했다면 벌 수 있었던 320만 원까지 비용에 포함시키면 치킨집 선택의 기회 비용은 420만 원이 되거든. 기회 비용이 420만 원인데 매출액은 400만 원이니까, 경제적으로 따져 봤을 때 20만 원 손실인 셈이지. 치킨집 운영의 '경제적 이윤'은 −20만 원! 앞에서 '매출−운영 비용'의 300만 원은 '회계적 이윤'이고, 경제에서 더 의미 있게 보는 건 경제적 이윤이야."

"와, 뭔가 어려운데요?"

"용어가 낯설어서 그럴 거야. 오늘은 이것만 기억하자! 모든 선택에는 대가가 따른다! 선택할 땐 포기하는 것의 가치도 따지자!"

"'공짜 점심은 없다'란 문구를 본 적 있는데 뭔가 비슷하네요!"

선아가 말했다.

"그래, 공짜 점심은 없단다. 그럼 이만 수업 끝!"

"선생님, 저희 치킨 좀 사 주세요. 너무 먹고 싶어요!"

성화에 못 이긴 나 선생은 실험경제반 친구들과 함께 치킨집으로 향했다.

매몰 비용,
무시해 버려!

실험경제반 친구들이 방금 나온 따끈따끈한 치킨을 앞에 두고 입맛을 다시고 있을 때, 나 선생은 엉뚱한 질문을 했다.

"왼쪽 치킨은 가게 사장님이 거래처에서 특별할인 가격인 4,000원에 산 닭으로 만드신 거래. 사장님이 가게로 돌아왔다가 특별할인하는 닭을 좀 더 사려고 다시 거래처에 갔더니 이미 다 팔린 거야. 그래서 똑같은 닭이지만 오른쪽 치킨은 8,000원에 사 온 닭으로 만들었대. 너희는 둘 중 어떤 치킨을 먹을래?"[2]

"네? 진짜예요?"

"그게 진짜겠냐? 저는 아무거나요. 똑같은 치킨이라면서요?"

창민이의 반응에 경호가 말했다.

"와, 경호는 '매몰 비용'을 무시할 줄 아는데?"

나 선생이 말했다.

"네? 매몰 비용이요?"

"치킨을 고를 때 재료인 닭을 얼마에 샀는지는 중요하지 않아. 4,000원을 주고 샀든 8,000원을 주고 샀든 이미 지출한 비용이니까. 지금 선택으로 회수할 수 없는 비용을 매몰 비용이라고 해. 매몰 비용은 선택하는 데 고려할 필요가 없지."

"뭐, 당연한 거 아닌가요?"

경호가 말했다.

"당연한데 가끔 사람들은 매몰 비용 때문에 합리적 선택을 못할 때가 있거든. 나도 그런 적이 있어. 예전에 오페라 공연 티켓을 사 두었는데, 하필 공연하는 날 감기에 폭삭 걸리지 않았겠어. 당일엔 환불도 안 된다길래 티켓 값이 아까워서 보러 갔어. 그랬더니 열이 더 나고 감기가 심해졌지 뭐야. 오페라를 보는 내내 기침을 참느라 제대로 볼 수도 없었지."

"아, 그때 티켓 값이 매몰 비용이네요. 그날 선생님은 집에서 쉬시는 편이 오히려 편익이 더 컸을 텐데, 아까운 마음에 매몰 비용을 무시하지 않았군요."

"뷔페 식당에 갔을 때, 본전 뽑겠다고 무리해서 먹는 것도 매몰 비용에 집착하는 거겠어요. 이미 돈 낸 게 아깝다고 배불러도 더 먹다가 탈 나고! 저도 그런 적 있어요."

재연이와 창민이가 이어서 말했다.

"이제는 선택할 때 매몰 비용은 무시하자! 우리 치킨 먹을까?"

나 선생의 말에 모두 큰소리로 "잘 먹겠습니다!"를 외치며 순식간에 치킨을 집어 들었다.

* 경제 개념: 합리적 선택, 기회 비용, 매몰 비용, 편익

* 수학 개념: 비와 비례, 퍼센트

Q1. 시현이는 콘서트 티켓을 얼마에 팔아야 할까요?

좋아하는 가수의 콘서트 티켓을 5만 원에 구입해 둔 시현이는 갑자기 콘서트 당일에 일이 생겨 갈 수 없게 되었어요. 급하게 구매자를 찾았는데 선아가 사겠다고 합니다. 콘서트 티켓을 퀵서비스로 보내는 비용 1만 원은 시현이가 부담합니다. 시현이가 합리적 선택을 하는 사람이라고 할 때, 얼마 이상의 가격이면 거래에 응할까요? (퀵서비스를 이용하는 노력과 시간은 생각하지 않도록 해요!)

시현이는 콘서트 티켓을 구입할 때 이미 돈을 지불했으므로 이 비용은 회수할 수 없어요. 5만 원은 모두 매몰 비용인 셈이지요. 그러니 퀵서비스 비용인 1만 원보다 조금이라도 더 높은 가격으로 거래할 수 있다면 거래에 응하는 게 합리적입니다. 물론 퀵서비스를 이용하기 위한 노력과 시간을 고려한다면 그에 해당하는 만큼 더 받아야 할 거예요.

Q2. 재준이가 1년 동안 태블릿PC를 사용한 것에 대한 기회 비용은 얼마일까요?

재준이는 연초에 태블릿PC를 100만 원에 구입해 1년 동안 온라인 강의를 보는 데 사용하다가 연말에 50만 원에 팔았습니다. 재준이가 태블릿PC를 구매하지 않았다면 이 돈을 은행에 연 2퍼센트 이자율로 예금했을 거라고 해요. 재준이가 1년 동안 태블릿PC를 사용한 것에 대한 기회 비용은 얼마일까요?

재준이가 1년 동안 태블릿PC를 사용하는 데 실제로 쓴 돈(명시적 비용)은 50만 원입니다. 하지만 태블릿PC를 구매하는 대신 구매 비용 100만 원을 은행에 예금했다면 2만 원(100만 원 × $\frac{2}{100}$ = 2만 원)의 이자 수입(눈에 보이지 않는 비용)이 생겼을 거예요. 그러므로 기회 비용은 52만 원입니다.

03

초코파이는 왜 첫 한 입이 제일 맛있을까?

일상에서 자주 발견할 수 있는 한계 효용 체감

"초코파이 좋아하는 사람?"

나 선생은 초코파이를 흔들며 물었다. 마침 배가 고팠던 실험 경제반 친구들은 너나 할 것 없이 손을 들며 소리쳤다.

"저요! 저요!"

"우리 공정하게 가위바위보를 해서 정할까?"

치열한 접전 끝에 최종 승자는 재준이였다.

"재준아, 앞으로 나와서 초코파이 먹어. 먹고 싶지 않을 때까지 먹으면 돼."

초코파이를 받아든 재준이는 순식간에 하나를 먹었다.

"방금 초코파이를 먹었을 때 네가 느낀 만족감을 최고 10점 기준으로 표현하면 몇 점이니?"

나 선생이 물었다.

"10은 아니고 9점 정도요?"

"좋아, 하나 더 먹어 봐."

나 선생은 초코파이를 하나 더 건넸다. 재준이는 두 번째 초코파이도 빠른 속도로 먹었다.

"이번에는 8!"

이런 식으로 초코파이를 먹고 만족감 말하기를 반복했다. 먹은 개수가 늘어난 만큼 먹는 속도는 느려졌다.

"재준아, 배부르면 그만 먹어도 괜찮아."

걱정하는 나 선생의 말에 재준이는 "더 먹고 싶은데요?" 하며 초코파이를 하나 더 집었다.

"벌써 다섯 개째야!"

친구들은 감탄하며 재준이가 먹는 모습을 바라봤다. 이번에는 물도 마시며 꾸역꾸역 먹는 듯했다.

"으, 선생님 이제 만족감이 제로예요. 그만 먹을래요. 더 먹으면 토할 것 같아요."

다섯 개를 끝으로 초코파이 먹기는 끝났다. 나 선생은 칠판에 재준이가 초코파이를 먹으면서 얘기한 만족감을 표로 정리했다.

초코파이 소비에 따른 만족감

초코파이 수	1	2	3	4	5
1개 추가로 인해 느끼는 만족감	9	8	6	3	0
총 만족감	9	17	23	26	26

"어디 보자. 애들아, 이 표를 보면 무엇을 알 수 있을까? 표에서 규칙을 찾아보자."

"만족감이 점점 줄어들어요."

"첫 초코파이를 먹었을 때는 만족감이 9였는데, 마지막 다섯 개째에는 추가된 만족감이 0이 되었네. 초코파이 한 개를 먹으면서 느끼는 만족감은 점차 줄어들었어. 어떤 사람이 하루 종일 굶다가 저녁이 되어서야 밥을 먹었다고 해 보자. 그럼 처음 밥을 한 숟가락 먹었을 때는 허겁지겁 넣고 삼켜서 그 맛을 잘 모르다가 두 숟가락, 세 숟가락째에 느껴지는 맛이 더 좋을 수도 있어. 하지만 점점 배가 불러서 추가로 먹는 한 숟가락에 의해 생기는 만족감은 줄어들겠지. 이것을 경제학자들은 '한계 효용 체감의 법칙'이라고 불러. 한계(marginal)는 추가되는 한 단위란 뜻이고, 효용(utility)은 소비에 의한 만족감을 의미해. 추가되는 한 단위에 의해 증가하는 만족감의 정도는 결국 점차 감소한다는 의미야."

"그래서 뷔페 식당이 망하지 않는 거겠죠! 양에 제한을 두지 않

아도 한계 효용을 느끼니까 한 사람이 많이 먹지 못해요."

경호가 큰소리로 말했다.

"경호가 아주 잘 이해했어. 그럼 한계 효용이 얼마일 때까지 먹으면 총 만족감이 최대가 될까?"

"그야 0이죠. 당연한 걸 물어보시지?"

창민이가 으스대며 대답했다.

"맞아! 초코파이 하나를 먹었을 때 느끼는 만족감은 먹는 개수가 늘어나면서 점차 줄어들지만 추가되는 만족감이 양수(+)라면, 총 만족감은 계속 늘어나게 돼. 추가되는 만족이 없을 때, 즉 한계 효용이 0이 될 때까지 먹으면 총 만족감이 최대가 되는 거야. 이걸 그래프로 그려 볼까?"

총 효용과 한계 효용

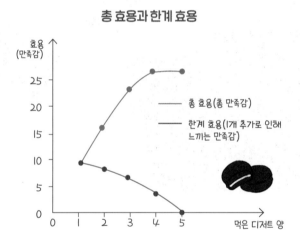

"추가되는 한 개에 대한 만족감 수준 변화와 총 만족감 변화의 관계를 살펴보면 과학 시간에 배운 가속도와 속도의 관계랑 비슷하지 않니? 가속도가 점차 줄어들어도 속도는 점차 증가할 수 있는 거잖아. 가속도가 양수(+)이면 그 정도가 줄어든다고 해도 속

도 자체는 늘어나게 되는 거니까. '양수(+)로 시작한 가속도가 점차 줄어든다. 언제 속도가 최고가 될까?'라는 질문에 대한 답은 '가속도가 0일 때'인 거랑 같은 거지."

"그러네요. 과학이랑 경제랑 비슷하네요!"

선아가 흥분한 표정으로 말했다.

한계 효용 체감의 법칙, 라면 마케팅에도 숨어 있다고?

"그런데 한계 효용이 점차 줄어드는 걸 '법칙'이라고까지 정의했는데, 어디 써먹을 데가 있어야 하지 않겠어? 어디에 활용할 수 있을까? 너희가 사장이 되어 어떤 상품을 직접 판다고 생각하면?"

모두 멍한 표정으로 나 선생을 쳐다보았다.

"혹시 마트에서 이런 법칙이 적용된 가격을 본 적 없어?"

잠시 정적이 흐른 후, 선아가 외쳤다.

"아, 알겠다! 라면이요! 라면 한 개는 1,000원인데 열 개 묶음은 7,000원, 이런 식으로 팔잖아요. 이게 바로 한계 효용 체감의 법칙이 적용된 거죠."

선아는 칠판에 그린 표(52쪽 표)를 가리키며 말했다.

"저기 표에 써 있는 만족감에 100을 곱해서 만족감을 화폐 가치로 나타냈다고 해 봐요. 재준이가 첫 번째 초코파이를 먹은 후 느낀 만족감인 9를 화폐 가치로 환산하면 900원인 거죠. 재준이는 초코파이 한 개를 살 때 900원까지 지불할 의향이 있을 거예요. 만약 초코파이 가격이 개당 900원이라면 재준이는 한 개만 사겠죠. 두 개를 소비했을 때 만족감은 1,700원어치인데 1,800원을 지불해야 하니까요. 재준이에게 초코파이 두 개를 팔려면 개당 850원으로 가격을 매겨야 할 거예요. 좀 더 머리를 써서 한 개 사면 900원, 두 개 사면 1,700원이라고 판매할 수도 있어요. 세 개 묶음은 2,300원, 네 개 묶음은 2,600원. '오늘의 행사! 네 개 사면 하나 더 드려요!' 이런 식으로 팔 수도 있고요. 뭔가 횡재하는 기분이 들잖아요? 심리를 이용한 마케팅이라고나 할까요?"

"선아가 설명을 정말 잘했다!"

나 선생이 흐뭇한 표정으로 말하자 경호가 이렇게 덧붙였다.

"한계 효용이 체감하므로 묶음으로 파는 상품은 개당 가격이 떨어진다!"

"그렇지. 바로 이렇게 우리가 일상에서 흔히 접하는 것들에 한계 효용 체감이 적용되는 사례가 많아. 너희가 나중에 어떤 상품의 가격을 정하게 된다면 이런 점들을 고려해야 할 거야."

나 선생은 교실 스크린에 사진을 하나 띄웠다.

도쿄 디즈니랜드 티켓 가격표

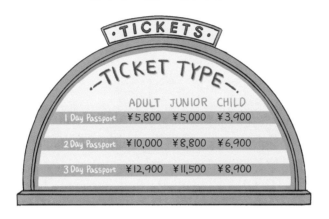

"선생님이 도쿄 디즈니랜드 갔을 때 찍은 티켓 가격표야. 성인 가격을 보자. 성인 기준으로 1일 이용권은 5,800엔인데, 2일 이용권은 1만 엔, 3일 이용권은 1만 2,900엔이야. 도쿄 디즈니에 와서 첫날 하루 놀 때는 5,800엔만큼의 만족을 느끼지만 둘째 날에는 4,200엔만큼의 만족만 느끼고, 셋째 날에는 2,900엔만큼의 만족을 느낀다. 이런 식으로도 해석이 가능하지 않을까?"

"에휴, 놀러가선 그냥 노세요. 언제나 수업 생각뿐이셔!"

"하하! 어디서나 경제 법칙이 적용된 게 있는지 찾아보게 되네. 그럼 오늘 수업은 여기서 끝!"

04

근로자가 많아지면 생산량도
계속 증가할까?

종이비행기 공장 실험[3]으로 알아보는 한계 생산 체감

"모두들, 안녕? 빨리 자리에 앉아 봐!"

나 선생의 호들갑스러운 인사에 실험경제반 친구들은 멋쩍게
인사하고는 하나둘 자리에 앉았다.

"자, 오늘은 비행기 공장으로 변신! 삐리삐리 뿅!"

나 선생이 큰소리로 외치자 아이들이 시큰둥하게 쳐다봤다.

"아무것도 없는데 여기가 무슨 공장이에요?"

경호가 미심쩍은 표정으로 말했다.

"짜잔! 여기 다 있고말고."

나 선생이 교탁 밑에서 쌀자루만 한 보따리를 꺼내며 능청스럽

게 말하자 창민이가 툴툴댔다.

"저희가 유치원생인가요? 공장 놀이나 하게?"

"안 하면 후회할 걸? 먼저 몇 가지 규칙을 정하고 시작하자!"

신이 난 나 선생은 게임 규칙을 설명했다.

"너희는 오늘 비행기 공장의 근로자야. 작업은 여기 이 책상에서만 해야 돼. 다른 데서는 할 수 없어."

"1인용 책상이 공장이라고요?"

"응, 저기 서서 작업할 거야. 노란색 파일은 고철을 옮기는 트럭, 흰색 A4용지는 고철, 가위는 고철을 자르는 기구야."

"그럼 바구니는 뭐예요?"

"어머, 저걸 빼먹었네. 바구니는 비행기 검수장이야. 비행기를 만들어서 저기에 놓는 거지."

"도구랑 재료는 몇 개씩 있나요?"

조용히 설명을 듣고 있던 선아가 질문했다.

"좋은 질문이야. 도구, 트럭은 하나씩 있고 공장인 책상도 하나야. 비행기 재료인 고철은 충분히 있으니까 많이 써도 돼."

"그럼 비행기 공장 사장은 누구예요?"

시현이의 질문에 나 선생은 씨익 웃으며 대답했다.

"그야 물론 나지. 나는 사장 겸 불량품 검수자야."

"으, 으…… 못 말린다니깐."

시현이는 고개를 내저으면서도 게임 규칙을 받아 적었다. 나 선생은 진짜 사장이 된 듯 근엄한 목소리로 말하며 종이를 하나씩 나누어 주었다.

"근로자 여러분, 지금 나눠 드린 설계도에 따라 비행기를 만들어 주세요!"

"이럴 줄 알았어. 종이비행기 접기네! 전 이거 눈 감고도 해요!"

창민이는 이미 종이를 접고 있었다.

"성미 급한 저분! 안타깝지만 불량품입니다."

"아니 왜요?"

경호가 눈썹을 치켜올리며 물었다.

"설계도에 적힌 방법대로 해야 합니다. 거기 접힌 부분이 여기랑 다른 거 보이지 않습니까? 허허허."

사장 흉내에 재미가 든 나 선생은 놀리듯 손가락으로 설계도에 그려진 비행기 날개 쪽을 가리키며 말했다.

"저희 공장에는 규격이 정해져 있어요. A4용지를 가로세로로 한 번씩 잘라 4등분한 뒤 써야 해요. 자를 때는 반드시 가위를 사용해야 하고요. A4용지는 한 번에 한 장만 꺼낼 수 있습니다. 트럭(노란색 파일)은 한 번에 한 장만 운반할 수 있어요. 규칙을 지키지 않으면 처음부터 다시 합니다."

"이제 제작 방법을 설명하겠습니다. 나경호 관리자! 나와서 비

행기 제작 시범을 보여 주세요."

갑작스러운 호명에 경호는 툴툴대며 나와서는 금세 진짜 관리자처럼 행동했다.

"근로자 여러분, 여기 설계도 있죠? 이대로 만드는 거예요."

경호는 한 단계씩 진행할 때마다 종이비행기를 위로 들어 친구들에게 보여 주고 잘 따라하는지 돌아다니며 감독했다.

"거기, 제대로 좀 하세요!"

창민이에게 장난스레 호통도 쳤다.

"관리자 너무하네. 이러면 일 안 해!"

"미안! 작업을 하나 더 추가할게요. 비행기에도 이름을 붙여 줘야죠. 오른쪽 날개 끝에 '실험경제반'이라고 적읍시다. 다시 처음부터 각자 연습해 보죠. 잘 모르겠으면 손을 드세요. 노란색 파일에서 A4용지를 한 장씩 꺼내시고 가위로 4등분부터 하세요!"

경호의 지시에 따라 여섯 친구들은 비행기 제작을 끝냈다.

"제작을 끝낸 분들은 비행기를 바구니에 넣어 주세요."

"검수 들어갑니다. 오, 다들 잘하셨군요. 이렇게 해 주시면 됩니다. 다음에는 좀 더 빨리 하리라 믿어요, 선아 씨! 허허. 다들 좀 더 숙달되도록 연습 시간 10분 드립니다."

노동의 한계 생산,
총 생산량이 최대가 되려면 몇 명을 고용해야 할까?

모두 종이비행기 접기 달인이 되어갈 무렵, 나 선생이 말했다.

"자, 준비가 되었으면 시작하죠. 여기 1번부터 7번까지 적혀 있는 쪽지가 있어요. 하나씩 뽑으세요."

실험경제반 친구들은 영문도 모른 채 쪽지를 뽑았다.

"1번 뽑은 분?"

"저요!"

"창민 씨. 공장(책상)으로 가서 3분간 비행기를 제작하면 됩니다. 제가 '시작!'이라고 하면 작업을 시작하세요. '종료!' 소리를 들으면 바로 제작을 멈추고 검수장(바구니)에 완성한 비행기를 넣으세요."

"그럼 저희는 뭐해요? 창민이만 지켜보나요?"

선아가 질문했다.

"네! 쉬어도 됩니다. 첫 번째 생산 시간이 끝나면 두 번째 생산 시간에는 2번을 뽑은 사람이 1번 작업자인 창민이와 함께 비행기를 제작합니다. 그리고 세 번째 생산 시간에는 3번을 뽑은 사람이 추가되는 거죠. 일곱 번째 생산 시간에는 일곱 명의 근로자가 작업하게 되겠죠? 일곱 번 모두 생산 시간은 각 3분입니다."

"3분씩 일곱 번? 계속 종이비행기를 접으라고요?"

창민이가 불만을 토로하자, 나 선생은 씨익 웃으며 말했다.

"1번의 운명입니다. 받아들이시죠."

"쉬고 있는 분들은 작업자가 규칙을 잘 지키는지 지켜보시고요! 검수는 사장인 제가 합니다."

"자, 그럼 1번 근로자, 공장으로 가시죠. 준비됐죠? 시작!"

창민이는 '시작!'이란 말이 끝나기 무섭게 A4용지를 한 장 꺼내 4등분으로 재단했다. 평소 느릿느릿한 창민이의 모습과는 사뭇 달랐다. 아이들은 모두 숨죽이고 민첩하고 빠르게 움직이는 창민이의 손을 바라보았다. 종이 접는 소리만 들린 지 3분.

"종료!"

열심히 접었건만 창민이가 완성한 종이비행기는 달랑 세 대였다. 창민이는 보물이라도 다루듯 종이비행기 세 대를 검수장에 넣었다.

"세 대 모두 통과!"

"자, 이제 두 번째 생산을 시작합니다. 2번 근로자는 1번 근로자와 함께 공장으로 가세요. 두 분, 어떻게 생산할지 상의할 시간 드립니다. 상의가 끝나면 손들어 주세요."

2번을 뽑은 재준이는 창민이와 진지하게 상의하더니 준비가 다 되었다는 신호를 나 선생에게 보냈다.

"그럼 시작!"

나 선생의 외침과 함께 다시 종이 접는 소리만 들렸다. 재준이는 먼저 종이 한 장을 4등분해 창민이에게 넘겼다. 창민이는 종이를 받아들자마자 재빠르게 종이비행기를 접기 시작했다. 종이 등분을 끝낸 재준이도 함께 비행기를 접다가 비행기가 완성되면 '실험경제반' 로고를 적었다.

"종료! 과연 몇 대나 접었을까요?"

바구니에서 비행기를 꺼내 검수하는 나 선생.

"여덟 대! 하나는 로고가 없어서 불량이군요. 총 일곱 대 완성!"

"둘이 하니까 훨씬 잘 되네. 역시 우린 한 팀이야! 이게 바로 분업의 효과지!"

창민이가 말했다. 나 선생은 다시 다음 생산 시간을 알렸다. 3번 근로자인 재연이가 서둘러 합류해 계획을 짰다. 고요하게 스삭스삭 종이 접는 소리만 들린 지 3분.

"오옷! 이번엔 열다섯 대! 분업하니 역시 생산량이 늘었어!"

네 번째 생산 시간에는 규현이가 합류했다. 또다시 3분이 흘렀다.

"이번엔 스무 대는 거뜬히 넘었겠다. 기대되네."

나 선생이 검수하고 결과를 발표했다.

"총 열여덟 대!"

"불량품도 없는데 열여덟 대? 흠, 분업 효과가 떨어진 건가?"

친구들이 술렁였지만 나 선생은 다시 다음 생산 시간을 알렸다. 이번에는 5번 근로자인 선아가 합류했지만 비행기 생산량은 스무 대로 겨우 두 대가 늘었다. 여섯 번째로 시현이가 합류해 생산한 결과는 스물한 대. 마지막 타자로 경호 합류! 하지만 한 대도 늘지 않았다.

나 선생은 가볍게 손뼉을 두 번 치며 말했다.

"자자! 이제 자리로 돌아가서 칠판을 봅시다!"

근로자 수에 따른 비행기 생산량

	1회차	2회차	3회차	4회차	5회차	6회차	7회차
근로자 수	1	2	3	4	5	6	7
비행기 총 생산량	3	7	15	18	20	21	21
노동의 평균 생산 (근로자 한 명의 평균 생산량)	3	3.5	5	4.5	4	3.5	3
노동의 한계 생산 (추가 근로자 한 명에 의해 증가한 생산량)	3	4	8	3	2	1	0

"처음에 근로자 혼자 종이비행기를 접어서 세 대를 생산했어. 근로자를 한 명 늘리니 일곱 대를 생산했고. 그 다음에 한 사람을 더 추가했더니 이전보다 생산량이 여덟 대가 늘었어. 이렇게 근

로자를 한 명씩 더 투입했을 때 늘어난 생산량을 '노동의 한계 생산'이라고 해."

나 선생이 칠판의 결과표를 보며 설명을 이어갔다.

"한계 생산이 처음엔 증가했지? 그런데 네 명째 추가 투입을 했을 때부터는 한 사람 더 투입함으로 인해 늘어나는 생산량이 감소해. 노동의 한계 생산이 결국 줄어드는 거지. 왜 그런 것 같아?"

"처음엔 서로 일을 나눠서 하니까 효율적으로 생산을 한 거죠."

재연이가 당연하다는 듯 이야기했다.

"그래요, 분업 효과인 거죠!"

창민이의 대답에 나 선생이 질문했다.

"그러면 왜 나중엔 근로자를 추가해도 생산량이 늘지 않았을까?"

"작업대가 너무 좁았어요. 종이를 자를 가위도 하나밖에 없고. 공간이나 도구에 비해 사람이 많으니 오히려 걸리적거렸어요."

선아가 야무지게 대답했다.

"근로자를 더 투입했다면 어떻게 되었을까?"

"총 생산량 자체도 줄었을 것 같아요. 사람이 더 늘어나면 방해만 될 것 같더라고요. 아마도 노동의 한계 생산이 음수(-)가 되지 않았을까요? 총 생산량이 최대가 되려면 노동의 한계 생산이 0일 때까지 하면 될 거예요."

"재연이가 수학적 분석까지 해 가며 정리를 아주 잘했네. 이걸 그래프로 나타내 볼까?"

나 선생은 칠판에 그래프를 그렸다.

총 생산량·평균 생산·한계 생산

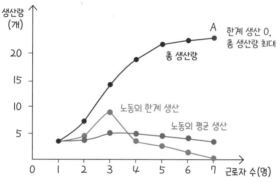

"총 생산량이 최대치가 되려면 노동의 한계 생산이 0인 A까지 하면 되는 거지. 이후엔 총 생산량 자체가 줄어들어."

나 선생이 말을 마치기 무섭게 시현이가 질문했다.

"근데 이런 걸 어디에 써먹죠?"

"좋은 질문이야. 공부했으면 써먹어야지. 어디에 써먹을 수 있을까?"

한계 생산 체감,
과학으로도 설명할 수 있어!

"활용할 수 있는 곳이 많을 것 같은데요? 회사든 가게든 직원을 얼마나 고용할지 결정해야 하니까요. 제가 교실만 한 식당을 열었다고 해 볼게요. 처음에 직원을 한 명 고용했어요. 만약 손님들이 한꺼번에 들어와서 열 접시를 주문하면 혼자 우왕좌왕하겠죠. 음식이 늦게 나온다고 불만을 들을 수도 있고요. 이럴 때 직원을 한 명 더 고용하면 매출이 두 배 이상 될 수 있죠. 그런데 식당 규모나 주방 시설 등은 변함이 없는데 이런 식으로 직원만 계속 늘린다고 생각해 봐요. 어느 순간이 되면 직원들이 좁은 공간에서 서빙을 하다가 서로 걸려 넘어질 거예요."

재연이의 논리적인 설명에 모두 감탄했다.

"맞아. 식당 규모나 시설 등이 정해져 있는 상태에서 직원을 몇 명이나 고용해야 매출이 최대가 될지 생각할 때 필요하겠네. 매출을 가장 많이 낼 수 있는 직원 수는 추가로 직원을 한 명 더 고용했을 때 그로 인해 늘어나는 매출이 0일 때까지 일 거야."

"추가로 늘어나는 매출이 0일 때까지요? 뭔가 이상한데요?"

재준이가 고개를 갸웃거리며 물었다.

"이건 과학으로 이해해 보자. 과학 시간에 속도와 가속도 배운 적 있지? 종이비행기 공장 실험의 결과랑 비슷하지 않니?"

"아, 가속도가 한계 생산이랑 같네요! 지난 시간에 한계 효용이 가속도랑 비슷하다고 얘기하셨던 거랑 똑같아요!"

뭔가 깨달은 듯 신나서 말하는 창민이를 바라보며 경호가 말했다.

"가속도가 줄어들어도 속도는 계속 증가할 수 있는 것처럼 한계 생산이 줄어들어도 총 생산량은 늘어나는 거죠!"

"와, 다들 이해를 잘했어! 그럼 이제 0에 가까울 정도로 아주 미세하게 시간이 흘렀다고 생각해 봐. 이때 속도가 늘어나는 정도인 순간변화율(가속도)을 속도 그래프에서 찾아볼까?"

나 선생은 칠판에 그래프를 그리며 말을 이었다.

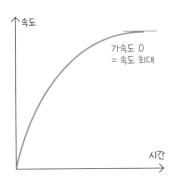

시간 흐름에 따른 속도

속도

가속도 0
= 속도 최대

시간

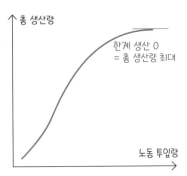

노동 투입에 따른 총 생산량

총 생산량

한계 생산 0
= 총 생산량 최대

노동 투입량

"여기 그래프에서 보이는 것처럼 접선의 기울기가 가속도를 의미해."

나 선생이 그래프를 손으로 가리키며 말했다.

"그럼 '노동 투입량을 0에 가까울 정도로 미세하게 늘렸을 때 증가한 생산량인 '한계 생산'이 총 생산량 그래프의 접선의 기울기가 된다'는 거네요? 속도 그래프랑 총 생산량 그래프의 모양이 비슷하잖아요! 초코파이 실험의 총 효용 그래프랑도 비슷하고요!"

재연이가 자신이 메모한 내용을 보며 자신 있게 말하자, 나 선생은 흐뭇한 얼굴로 질문을 하나 던졌다.

"대단한데? 노동 투입량을 0에 가까울 정도로 아주 조금 늘렸을 때, 증가한 생산량이 한계 생산이야. 그럼 언제까지 생산하면 총 생산량이 최대가 될까?"

"한계 생산이 0이 될 때까지요!"

경호가 손가락으로 0을 만들며 재빠르게 대답했다.

"맞긴 맞아. 하지만 그건 총 생산량이 점점 증가하고 있을 때 얘기지. 만약 총 생산량이 감소하고 있다면 얘기가 달라져."

선아가 칠판으로 나가서 총 생산량 그래프에 곡선을 이어 그리며 말했다.

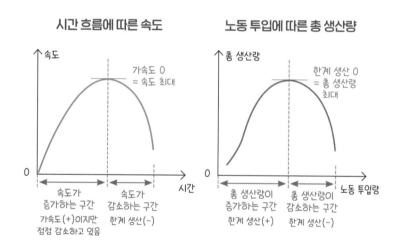

"그러네. 한계 생산이 '양수(+)인 구간이라면' 한계 생산이 점차 줄어도 총 생산량은 늘어나니까. 총 생산량을 최대로 하려면 한계 생산이 음수(-)가 되기 전인 0까지 생산하면 된다는 거지? 가

속도가 줄어도 양수(+)인 구간에서는 속도가 계속 늘어나듯 말이야."

재연이가 차분하게 설명을 덧붙였다. 선아는 고개를 끄덕이며 말을 이었다.

"이걸 비용 측면에서도 이야기할 수 있겠어. 한계 생산이 결국에는 체감한다는 건 바꿔 말하면 한 단위의 물건을 만드는 데 들어가는 비용이 결국에는 증가한다는 것과 같으니까."

아이들이 대화하는 모습을 지켜보던 나 선생이 말했다.

"맞아! 너희 정말 대단한 걸? 오늘 수업은 여기서 끝내자!"

* 경제 개념: 한계 효용, 한계 생산, 합리적 선택
* 수학 개념: 접선의 기울기, 미분

Q1. 만족감 혹은 생산량을 최대로 얻으려면 어떻게 해야 할까요?[4]

디저트 섭취량에 따른 총 효용(총 만족감) 함수, 근로자 수에 따른 총 생산량 함수는 모두 x값이 커질 때 y값이 커지는 증가 함수입니다. 다만 추가되는 한 단위의 x값에 따른 y값의 변화량이 작아지는 함수였어요. 점차 완만해지는 우상향 곡선이 되는 거죠. 만족감 혹은 생산량이 최대가 되는 점을 알아내려면, 0에 가깝지만 0이 아닌 아주 작은 수준으로 x값을 변화시킬 때 y값의 변화를 확인해야 하는데, 이는 그래프에서 살펴보면 접선(곡선과 살짝 맞닿은 후 지나가는 직선)의 기울기로 나타나요. 접선의 기울기가 0이 되는 점에서 y값이 최대가 되므로 이 점에서 만족감 혹은 생산량이 최대가 됩니다. 효용 함수에서는 한계 효용이 0인 점까지 소비하고, 생산 함수에서는 한계 생산이 0인 점까지 생산하면 만족감과 생산량이 최대가 되는 것이죠. 이렇게 선택하는 걸 '한계적으로 선택'한다고 표현해요.

ⓘ 경제학의 '한계' 개념인 접선의 기울기를 수학에서는 '순간변화율' 또는 '미분계수'라고 부르고, 이를 구하는 과정을 '미분'이라고 합니다.

한계 효용이 0인 점에서 총 효용

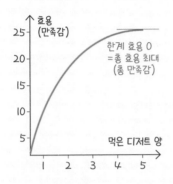

한계 생산이 0인 점에서 총 생산량

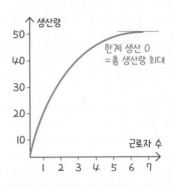

Q2. 만족감이나 생산량이 일정하다면 한계 효용과 총 효용 그래프는 어떤 모습일까요?

직선 형태, 즉 일차함수 형태가 됩니다. 일차함수에서 기울기는 $\dfrac{y의\ 변화량}{x의\ 변화량}$ 이라고 할 수 있어요. 그런데 다음 76쪽 그래프에서처럼 한계 효용이 일정한 경우, 총 효용 곡선의 기울기는 $\dfrac{10}{2}=5$로 일정합니다. 동일한 속력으로 이동하는 경우에 나타나는, 시간에 따른 이동 거리의 그래프(등속도 운동)와 유사하지요?

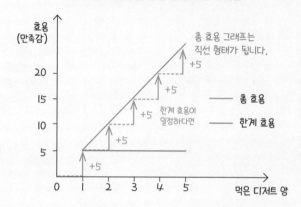

한계 효용이 일정할 때 총 효용과 한계 효용

ⓘ 현실의 효용 함수는 대체로 완만하게 우상향 한다는 점 잊지 마세요!

Q3. 한계 효용이 점차 증가하면 효용 곡선의 모양은 어떻게 달라질까요?

한계 효용(접선의 기울기)이 점차 증가하면 다음 그래프처럼 총 효용 곡선이 가파르게 상승하는 형태를 띠게 됩니다. 실제로 소비량이 증가할 때의 한계 효용이 점점 더 커지는 경우는 거의 없어요. 하지만 중독되는 성질이 있어, 소비할수록 한 단위 소비에 의한 만족감이 점차 증가한다면 이런 형태가 나타날 수도 있습니다.

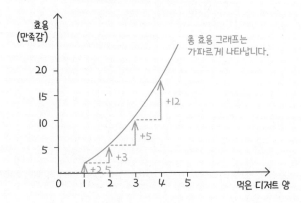

한계 효용이 점차 증가할 때의 총 효용

목적지로 이동할 때의 거리 변화량이나 얼음을 실온에 두었을 때 녹는 양 등 생활 속에서 시간에 따라 어떤 값이 증가하거나 감소하는 변화를 찾아 그래프를 그려 보면 어떨까요? 그래프 모양을 분석하면 어떤 값이 얼마나 증가하고 감소하는지, 점점 증가하더라도 증가 폭이 커지는지 작아지는지도 알 수 있어요.

사회 현상에서 이런 관계를 찾아내면 변화를 예측할 수도 있습니다. 여러 나라의 연도별 GDP를 찾아서 그려 보거나 가파른 성장세를 보이는 신흥국, 성장 속도가 둔화되는 선진국을 찾아 비교해 보면 미래를 예측하는 눈이 생기지 않을까요?

선택의 순간, 이것만은 생각하자!

첫째, 기회 비용을 고려하자

'햄버거를 먹을까, 피자를 먹을까?'

우리의 인생은 선택의 연속입니다. 우리가 하고 싶은 것에 비해 자원이 부족한 '희소성' 때문이지요. 그래서 종종 '그때 다른 선택을 했더라면' 하고 후회하기도 하는데요. 후회 없는 선택을 하려면 어떻게 해야 할까요? 바로 '편익'과 '기회 비용'을 함께 고려하면 됩니다.

어떤 선택을 해서 얻는 만족감을 '편익'이라고 합니다. 그리고 그 선택을 함으로써 우리가 포기한 다른 기회를 통해 얻을 수 있었던 편익을 '기회 비용'이라고 합니다.

한쪽을 택해야 하는 선택의 순간에 우리는 여러 가지 대안들의 편익과 기회 비용을 비교합니다. 그리고 기회 비용을 뺀(편익−기회 비용) 순편익이 가장 큰 대안을 선택할 때, 이를 '합리적 선택'이라고 합니다.

예를 들어, 경호 어머니에게 1,000만 원이 있다고 할게요. 경호 어머니는 이 돈으로 예금을 할지, 채권을 구매할지, 주식 투자를 할지 고민했습니다. 예금은 연 2퍼센트, 채권은 연 2.1퍼센트의 수익이 보장되었고, 주식은 수익률이 불확실했지요. 고민 끝에 주식 투자를 했고, 1년이 지나 주식을 팔

아서 25만 원의 차익을 남겼어요. 주식 투자를 위해 증권 정보 사이트에 회원으로 가입하느라 지출한 5만 원을 빼면 실질적인 차익은 20만 원이었습니다. 과연 경호 어머니가 주식 투자를 한 것은 합리적 선택이었을까요?

경호 어머니는 주식 투자로 원금을 제외하고 20만 원을 벌었지만 주식 투자를 하지 않고 채권을 구입했다면 21만 원을 벌었을 거예요. 주식 투자로 얻은 편익은 20만 원, 기회 비용은 21만 원인 셈이지요. 편익과 기회 비용을 따져 보면 1만 원 손해를 본 게 됩니다.

선택할 때는 반드시 편익과 함께 기회 비용을 고려해야 한다는 것을 꼭 기억하세요!

경제 용어

- **희소성:** 욕구에 비해 욕구를 충족시킬 수 있는 자원이 부족한 상태
- **기회 비용:** 어떤 것을 선택함으로써 포기한 것의 가치. 만약 포기한 것이 여러 개라면 그중에서 가장 아쉬운 것의 가치
- **합리적 선택:** 여러 대안 중 '편익-기회 비용'이 가장 큰 선택을 하는 것

둘째, 한계적으로 선택하자

우리는 선택을 할 때, 특정 행동을 할지 말지를 결정하는 경우(예를 들면, 케이크를 먹을 것인가 말 것인가)도 있지만 어떤 일을 어느 정도로 진행할지를 결정해야 할 때도 많아요. 가령 뷔페 식당에서 얼마나 먹을지, 식당 사장이

라면 직원을 몇 명이나 뽑을지는 어떻게 선택할까요?

이런 선택을 할 때 초점은 항상 추가적인(additional) 행동 한 단위의 편익과 비용에 맞춰야 한다는 것입니다. 추가 행동 한 단위에서 발생하는 편익을 '한계 편익(marginal benefit)', 추가 행동 한 단위에서 발생하는 비용을 '한계 비용(marginal cost)'이라고 해요. 식당 사장이 직원을 한 명 더 고용했을 때 발생하는 추가 이익이 한계 편익이고, 추가한 직원 한 명으로 인해 늘어나는 비용이 한계 비용입니다. 직원을 더 고용할지 말지 결정할 때는 한계 편익과 한계 비용을 비교해야 하는 것이지요.

경제 용어

- **한계 비용:** 추가 행동 한 단위를 할 때 발생하는 비용 증가분
- **한계 편익:** 추가 행동 한 단위를 할 때 발생하는 편익 증가분

셋째, 한계 생산 체감과 규모의 경제를 알아 두자

종이비행기 공장 실험에서 다른 생산 요소는 그대로 둔 채 근로자 수만 증가시켰더니 근로자 한 사람을 추가해 늘어나는 생산량은 점차 감소했습니다. 이렇게 다른 변화 없이 하나의 생산 요소만 투입할 때, 생산 요소가 한 단위 추가되어 늘어나는 생산량이 결국에는 감소하는 것을 '한계 생산 체감'이라고 하며, 한계 생산이 0이 될 때 총 생산량은 최대가 된다고 했어요. 회사 사장이라면 직원을 몇 명이나 고용할지 고민할 때 '노동의 한계 생

산'을 고려하겠지요.

　만약 여러 생산 요소가 한꺼번에 늘어난다면 어떨까요? 실험경제반의 종이비행기 공장에서는 1인용 책상에서 모두 작업해야 했지만 작업할 공간을 넓히고, 기계를 추가하고, 근로자도 늘린다면? 생산 규모가 커지면 일반적으로 종이비행기 한 대당 투입되는 생산 비용이 줄어듭니다. 비행기 열 대를 만들다가 100대를 만든다면 비용이 열 배 늘어나는 게 아니라 7~8배만 늘어날 수 있다는 거예요. 한 대만 있으면 여러 업무를 동시에 해낼 수 있는 장비도 있을 거고, 생산 규모가 커지면 분업도 세분화 되고, 기술력이나 노하우도 쌓이겠죠. 이런 걸 '규모의 경제'라고 합니다.

제2장

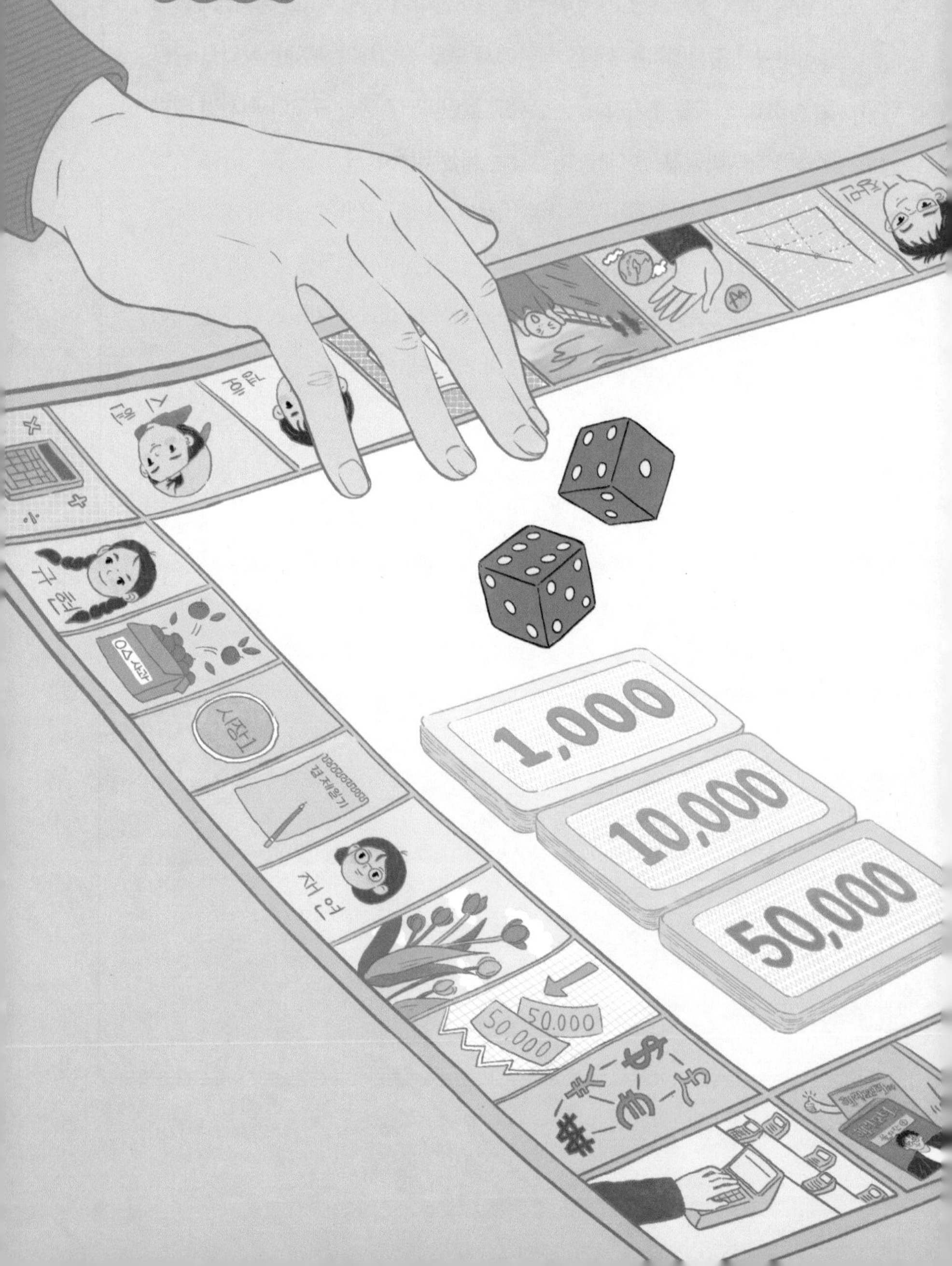

보이지 않는 손:

가격을 결정하는
놀라운 힘의 비밀

01

예술 작품은 왜 경매로 팔까?

영국식 경매로 배우는 수요 곡선과 지불 의향 가격[5]

나 선생은 정장을 멋지게 차려입고 교실로 들어왔다.

"와! 오늘 어디 가세요?"

시현이가 묻자 나 선생은 도도하게 경매용 망치를 내리치며 말했다.

"오늘 여긴 런던 예술품 경매장이거든! 스타 경매사에 어울리는 복장을 하고 왔지."

"네? 경매요?"

"여러분, 소더비 경매에 오신 걸 환영합니다! 오늘은 바로 이 작품, 뭉크의 〈절규〉가 경매에 나왔습니다."

나 선생은 뭉크의 〈절규〉를 보여 주며 차분하고 또랑또랑한 목소리로 그림의 탄생 배경을 들려주었다.

"여러분도 이 그림을 본 적이 있을 거예요. 〈절규〉는 네 가지 버전이 있는데 그중 개인 소장품은 이 작품뿐입니다. 뭉크는 길을 걷다가 화산이 폭발하는 것을 목격했는데 세상이 무너지는 듯했대요. 10년 후, 그때의 느낌을 떠올리며 이 작품을 완성했다고 합니다."

"정말이에요? 전 뭉크가 정신이 좀 이상했나 싶었는데⋯⋯. 뭉크의 그림을 보면 뭔가 혼란스러운 느낌이 들잖아요?"

예술을 좋아하는 시현이가 말했다.

"네, 그렇게 보일 수도 있죠. 화산 폭발을 겪었으니 얼마나 힘들었겠어요. 그래서 바로 그리지 못하고 10년 후에야 이 작품을 완성했다고 해요."

"그러네요. 그림 속 길도 뭔가 불안정해 보여요."

시현이가 덧붙였다.

"작가가 느낀 불안한 감정이 그림을 통해 지금까지도 여러분에게

전해진다니 정말 명작이죠? 자, 오늘은 이 작품을 영국식 공개 경매 방식으로 판매할게요. 작품을 구매하고 싶은 사람들이 자유롭게 가격을 부르면서 금액을 올리는 방식이고, 가장 높은 가격을 부른 사람에게 낙찰합니다."

"우리가 알고 있는 경매 방식이랑 같네요. 오늘 돈의 최소 단위는 얼마죠?"

경호가 물었다.

"1,000원씩 올리도록 하죠. 그런데 이 작품을 구매할 때 기억해야 할 원칙이 있어요. 우리는 모두 합리적인 소비자이므로 자신이 예술 작품에 대해 느끼는 만족감 이상의 돈을 지불하면 안 된다는 거예요."

"음, 그럼 각자 그림에 대해 얼마의 만족감을 느끼는지 정해야 할 것 같아요. 경매 가격이 천정부지로 오를테니까요."

뭔가 생각에 잠긴 듯한 표정으로 재연이가 말했다.

"그래서 각자 작품에 대해 느끼는 만족감의 정도를 경매 전에 미리 정해 두려고 해요. 자, 여기 있는 쪽지를 하나씩 뽑고 경매에 사용할 이름표도 챙기세요!"

나 선생이 쪽지가 가득한 바구니를 내밀며 말했다.

"쪽지에 적힌 금액을 자신이 이 작품에 느끼는 만족감으로 정하는 거예요! 우린 합리적인 소비자니까 그 이상으로는 가격을 지불하면 안되겠죠? 자신이 상품에 대해 느끼는 가치(만족감)를 '지불 의향 가격'이라고 부르기로 해요."

"신이시여! 제게 높은 숫자를 주소서!"

창민이가 쪽지를 뽑으며 외쳤다.

소비자 잉여, 낙찰자의 추가 이익은 얼마일까?

자, 그럼 뭉크의 〈절규〉 경매를 시작합니다!
1,000원!

경호가 먼저 이름표를 들었다. 이어서 규현이와 선아가 차례로 경합하며 1,000원씩 금액을 올렸다.

 5만 7,000원!

5만 8,000원!

5만 9,000원!

6만 원!

경매 금액이 계속 올라가면서 아이들 사이에 팽팽한 긴장감이 맴돌았다. 더 이상 아무 소리도 들리지 않자 나 선생이 말했다.

 6만 1,000원 있나요? 없으면 마무리합니다. 땅땅! 선아에게 6만 원에 낙찰되었습니다.

선아는 그림을 받아 들고선 만족스러운 표정을 지었다.

 선아야, 그림에 대한 지불 의향 가격이 얼마였어?

6만 5,000원이요.

근데 얼마에 낙찰했더라?

6만 원이요. 그럼 5,000원 이득을 본 거네요?

맞아. 6만 5,000원의 가치를 느끼는 그림을 6만 원에 샀으니 5,000원의 추가 이익을 얻은 셈이야. 마지막까지 접전을 벌였던 규현이는 지불 의향 가격이 얼마였어?

5만 9,000원이었어요. 제가 느끼는 지불 의향 가격까지 불렀다가 그 이상으로는 못 부른 거죠.

 선아가 낙찰받은 금액은 규현이의 지불 의향 가격과 거의 비슷하네. 선아의 경우처럼 영국식 경매에서는 낙찰받은 사람에게 '소비자 잉여'가 생겨.

 소비자는 아는데 잉여는 뭐예요? 잉여는 남는다는 거 잖아요?

 시현이가 잘 알고 있네. 잉여는 남는다는 말이지. 소비자가 소비를 통해서 추가로 얻은 이익을 '소비자 잉여'라고 해. 아까 선아가 5,000원 추가 이익을 얻은 거. 그게 바로 소비자 잉여야.

수요 곡선, 한계 소비자의 지불 의향 가격이란?

"자, 그럼 아까 각자 뽑은 지불 의향 가격이 얼마였는지 말해 보자. 시현이부터 말해 볼까?"

"저는 1만 5,000원이요."

"그럼 재연이는?"

나 선생은 실험경제반 아이들의 그림에 대한 지불 의향 가격을 칠판에 적었다.

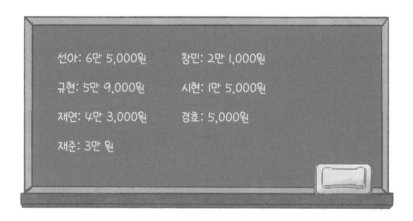

"얘들아, 만약 그림 가격이 7만 원이라면 사려는 사람은 몇 명일까?"

"뭐, 아무도 없겠네요."

"맞아. 그럼 6만 5,000원이라면?"

"선아 한 명이요!"

"5만 9,000원이라면?"

"규현이랑 선아 두 명이요!"

"그래, 바로 이 얘기를 하고 싶었어. 이 관계를 그래프로 그려볼까?"

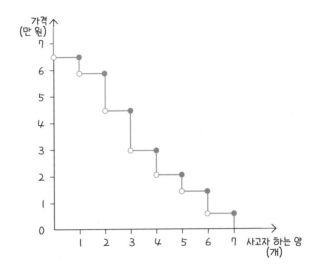

가격과 사고자 하는 양(수요량)의 대응 관계

"이렇게 가격과 각 가격에 대응하는 사고자 하는 양(수요량)의 관계를 그래프로 그린 걸 '수요 곡선'이라고 해. 수요라는 게 일정 기간 동안 각 가격 수준에서 얼마만큼 사고자 하는지에 대한 얘기거든. 만약 상품이 여러 개인데 가격이 3만 원에 결정되었다고 해 봐. 몇 명이 살까?"

"네 명이네요. 선아, 규현, 재연, 재준이까지요."

"맞아. 그런데 이 네 사람이 3만 원에 상품을 사서 얻은 추가 이익, 즉 소비자 잉여는 각자 다를 거야. 먼저 선아의 추가 이익을 살펴보면……."

이때 창민이가 재빨리 끼어들어 말했다.

"선아는 3만 5,000원의 추가 이익을 얻죠. 규현이는 2만 9,000원, 재연이는 1만 3,000원. 재준이는 추가 이익이 없어요!"

창민이는 할 말을 다 하곤 어깨를 으쓱해 보였다.

"창민아, 고마워. 이 내용을 그래프에 표시해 보면 하늘색 영역이 소비자 잉여라고 볼 수 있어."

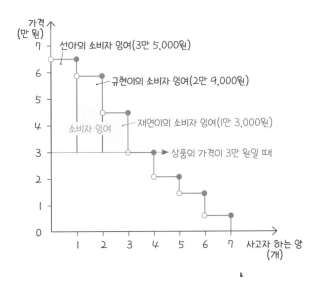

가격이 3만 원일 때 소비자 잉여

"수요 곡선과 가격 사이의 영역이 소비자 잉여란 말씀이네요?"

재연이가 수첩에 내용을 정리하며 말했다. 이번엔 선아가 손을 번쩍 들더니 말을 이었다.

"저 하나 발견했어요! 수요 곡선에 있는 모든 점은 그 가격보다 조금만 더 높아도 사지 않을 사람들이 상품에 대해 느끼는 가치예요. 보세요! 가격이 3만 원일 때 사고자 하는 양은 네 개잖아요? 근데 3만 원과 네 개의 양을 나타내는 저 점은 재준이의 지불 의향 가격이에요. 재준이는 3만 원에서 가격이 1원이라도 오르면 사지 않을 사람이고요. 모든 점이 다 그러네요."

"재연이, 선아 모두 대단한데? 선아가 말한 대로 수요 곡선 위의 모든 점들은 그 가격보다 조금만 높으면 그 시장을 떠나 버릴, 그러니까 사지 않을 소비자들의 지불 의향 가격이야. 그런 소비자들을 '한계 소비자'라고 불러."

"그럼 '수요 곡선은 각 가격에 대응하는 한계 소비자의 지불 의향 가격이다'라고 할 수 있네요."

"맞아. 재연이가 잘 정리해 줬네. 그럼 질문을 하나 해 볼게. 이번 그림 경매에서 선아가 5,000원의 소비자 잉여를 얻었잖아? 소비자 잉여가 생기지 않게 팔 수도 있을까?"

"만약에 제가 사람들의 지불 의향 가격을 미리 볼 수 있는 능력이 생긴다면 한 사람 한 사람 다 다른 가격을 받아서 이익을 최대로 얻겠어요!"

경호가 장난스레 말하자, 재연이가 진지한 표정으로 말했다.

"경매로 파는 게 소비자 잉여가 가장 적게 생기는 방법 같은데요?"

"얘들아! 10분간 휴식! 잠시 쉬었다가 알아보자."

네덜란드식 경매에선
눈치 작전을 할 수 없다
수요의 가격 탄력성과 가격 차별

"여러분, 네덜란드 꽃 경매에 오신 걸 환영합니다!"

휴식 시간이 끝나고 아이들이 자리에 앉자 나 선생은 교탁 아래에서 인조 튤립 다발을 집어 들며 말했다.

"네? 좀 전엔 런던이라고 하시더니?"

시현이의 물음에 나 선생은 능청스럽게 말했다.

"이제 여기는 네덜란드 꽃 시장입니다. 튤립을 네덜란드식 경매로 판매할 거예요. 이 튤립은 오늘 네덜란드 최대 꽃 재배지에서 바로 수확해 와서 아주 싱싱합니다."

"이번에도 꽃에 대해 느끼는 가치를 정해 주시나요?"

"네, 이번에도 제비뽑기를 할 거예요."

"네덜란드식 경매는 뭐가 달라요?"

재연이가 물었다.

"영국식 경매는 사고자 하는 사람들이 낮은 가격부터 자유롭게 가격을 올리면서 진행하는데, 네덜란드식 경매는 경매사가 빠른 속도로 높은 가격부터 가격을 낮춰 가며 불러요. 경매에 참여하는 사람들은 경매사가 자신이 사고자 하는 가격을 불렀을 때 '저요!' 하고 외쳐서 낙찰을 받습니다. 만약 동시에 여러 사람이 외쳤다면 경매사와 가장 가까운 자리에 위치한 사람에게 낙찰합니다."

"아, 뭐예요! 뭔가 불공평한데요?"

투덜대는 창민이를 바라보며 나 선생이 말했다.

"경매 규칙이 그렇답니다. 자, 이제 경매를 시작할게요. 10만 원! 9만 9,000원, 9만 8,000원, 9만 7,000원, 9만 6,000원, 9만 5,000원!"

나 선생이 9만 5,000원을 부르는 순간, 경호와 재준이가 동시에 외쳤다.

"저요!"

둘 중 재준이가 나 선생과 더 가까이에 앉아 있어 튤립은 재준이에게 낙찰되었다.

"재준이에게 9만 5,000원에 낙찰되었습니다!"

"쌤, 너무 해요. 저도 꽃 주세요!"

경호가 아쉬워하며 말했다.

"규칙은 규칙이니 튤립은 재준이가 갖는 걸로 해요. 이걸로 오늘의 경매는 끝났습니다."

네덜란드식 경매, 소비자 잉여는 제로!

나 선생은 다시 본연의 목소리로 말했다.

"재준아, 네 지불 의향 가격은 얼마였어?"

"9만 5,000원이요."

"그럼 재준이는 딱 만족감만큼 돈을 내고 꽃을 산 거네. 경호는 얼마였니?"

"저도 9만 5,000원이었어요."

"소비자 잉여가 제로네요!"

재연이가 볼펜을 위로 들며 말했다.

"이게 바로 영국식과 네덜란드식 경매의 차이야!"

나 선생의 말에 뭔가를 골똘히 생각하던 친구들. 선아가 답을 찾았다는 표정으로 손을 들고 말했다.

"영국식 경매는 가격이 천천히 올라가고 경매 참여자가 가격을 외치니까 상대의 눈치를 보면서 대응할 수 있어요. 그러니까 낙찰받는 사람은 자신이 그 상품에 부여한 가치만큼 가격을 지불하지 않을 수 있는 거예요."

"반면 네덜란드식 경매에선 눈치 보기가 불가능했어요. 경매사가 높은 가격부터 빠른 속도로 가격을 내리며 부르니까 자신의 지불 의향 가격을 부른 순간 '저요!'를 외치게 되더라고요."

"그래서 영국식 경매에서는 보통 낙찰받은 사람에게 소비자 잉여가 생기지만 네덜란드식 경매에선 거의 제로란 거죠?"

재준이와 재연이가 또랑또랑하게 이어서 말했다.

"경매를 한 가지 방식으로 하면 안 되나요? 왜 영국식, 네덜란드식 해서 복잡하게 하죠? 그리고 왜 국가 이름을 붙여요?"

"예술품 경매가 영국에서 시작되었나 보지 뭐."

규현이의 질문에 시현이가 말했다.

"맞아. 예술품 공개 경매는 보통 영국식으로 진행해. 영국에서 활발하게 시작되었으니 그렇게 이름 붙여진 거고. 너희들은 네덜란드 하면 뭐가 떠오르니?"

"글쎄요, 풍차와 튤립?"

"네덜란드는 튤립을 비롯한 꽃을 많이 재배하고 수출도 많이 해. 바다와 접해 있어서 생선도 잡아서 팔고. 꽃이나 생선은 때에 따라 수확량과 어획량도 다르고 품질도 달라지니까 가격을 일정하게 매겨서 팔지 않고 경매로 파는 경우가 많아. 예술품과는 다르게 신선도가 굉장히 중요하기 때문이야. 그래서 최대한 빨리 팔아야 하고."

"그래서 경매사가 가격을 빠르게 부르면서 진행하는군요? 그래야 빨리 끝나니까요."

재준이가 말했다.

"맞아. 실제로 네덜란드 꽃 경매 현장에는 시계처럼 생긴 기계에 시간 눈금 대신 가격이 적혀 있고, 바늘이 낮은 가격 쪽으로 돌아가게 해. 경매에 참여한 사람들은 원하는 가격에 눈금이 왔을 때 재빨리 버튼을 눌러서 가장 빨리 버튼을 누른 사람에게 낙찰된대. 한 번 볼래?"

나 선생은 아이들에게 네덜란드 꽃 시장에서 경매하는 모습과 영국의 한 경매회사에서 그림을 경매하는 모습을 담은 영상을 보여 줬다. 네덜란드 꽃 경매 현장은 정말 시계처럼 생긴 기계가 세워진 강당 같은 곳에 사람들이 자리에 앉아 뭔가를 누르고 있어 마치 주식시장처럼 보였다. 영국식 경매엔 여러 사람들이 어디론가 전화를 하며 눈치 작전을 펴는 모습이 펼쳐졌는데, 마지막에 경매사가 나무 망치로 탁자를 툭툭 치며 '솔드(sold)!'를 외쳤다.

"와, 솔드를 외치는 저 모습! 경매사 멋진데요? 나중에 경매사

영국식 예술품 경매

네덜란드식 꽃 경매

가 되어 볼까나?"

"그래, 예술 감각 있는 시현이에게 잘 어울릴 것 같아!"

"선생님, 혹시 소비자들의 각자 다른 지불 의향 가격을 이용해 상품 가격을 다르게 매겨서 파는 방법도 있을까요? 전 그렇게 해서 돈을 좀 벌고 싶거든요."

경호의 말에 창민이가 못 말린다는 표정으로 말했다.

"야, 똑같은 물건을 누구에게는 1만 원에 팔고, 누구에게는 5,000원에 팔면 어찌 되겠냐? 5,000원에 살 수 있는 사람이 왕창 사서 8,000원에 팔걸?"

"창민이 말이 맞긴 해. 그런데 사람마다 지불 의향 가격이 다른 걸 활용해 이익을 높이는 건 주변에서 쉽게 찾아볼 수 있어."

"그래요?"

나 선생의 말에 경호가 눈을 반짝이며 물었다.

가격 차별
〈해리 포터〉 신간을 하드커버로 먼저 파는 이유

"〈해리 포터〉 좋아하는 사람?"

나 선생의 말에 몇몇 친구들이 손을 들었다.

"〈해리 포터〉처럼 시리즈로 나
오는 소설들은 신간이 나오기를
기다리는 열성팬들이 있잖아. 열
성팬들은 대부분 그 책에서 느끼
는 만족감이 클 테니까 지불 의향
가격이 높아서 책 가격이 얼마이든 크게

신경 쓰지 않고 살 가능성이 커. 출판사에선 이걸 이용해서 6개
월 정도는 신간을 하드커버로 만들어서 비싼 가격으로 팔고, 이
후엔 소프트커버(페이퍼백)로 만들어서 가격을 낮춰 판매하곤 해."

"열성팬들은 높은 가격을 지불하고서라도 책을 빨리 사서 읽
으려고 하고, 높은 가격만큼의 만족감을 느끼지 않는 사람들은
조금 늦게 읽더라도 저렴하게 책을 사는 거군요? 그래서 출판사
는 이익이 커지고요."

경호가 말했다.

"그렇지. 열성팬들처럼 가격 변화에 수요량이 민감하게 반응하
지 않는 걸 수요의 가격 탄력성이 '비탄력적'이라고 표현해. 가격
변화에 수요량이 민감하게 반응하는 건 '탄력적'이라고 하고."

"네? 고무줄도 아니고. 무슨 탄력적?"

창민이가 물었다.

"고무줄이 잘 늘어나고 줄어드니까 탄력적이라고 하는 것처럼

가격 변화에 민감해서 수요량이 확 줄었다 늘었다 하는 걸 '수요의 가격 탄력성이 크다(탄력적)'라고 표현하는 거야. 수요의 가격 탄력성이 작은(비탄력적) 사람들에겐 높은 가격을, 가격 탄력성이 높은 사람들에겐 낮은 가격을 받는 걸 '가격 차별'[6]이라고 해."

"그래, 저거 차별이지! 난 차별이 싫어!"

"그런데 우리도 가격 차별의 혜택을 보고 있는 것 같은데? 미용실에서 어른들 커트 가격보다 우리 커트 가격이 더 싸. 우리가 가격에 더 민감하니까 싸게 머리를 해 주는 것 같아."

차별이 싫다고 흥분한 창민이를 바라보며 재연이가 말했다.

"온라인 쇼핑할 때 쿠폰을 찾아서 입력하면 할인해 주잖아요. 그것도 비슷한 건가요?"

"선아가 좋은 질문을 했어. 쿠폰 할인도 비슷해. 가격에 민감하지 않은 사람들은 정가에 사고, 가격에 민감한 사람들은 쿠폰을 이용해 조금 더 저렴하게 사는 거지. 이렇게 수요의 가격 탄력성을 고려해 가격을 다르게 매기는 사례는 정말 많아. 우리 평소에 생활하면서 이런 사례들을 좀 더 찾아보자! 그럼 오늘 수업은 여기서 마칠게!"

재연이의 경제 일기

20××년 ×월 ×일

친구들과 아침 일찍 영화를 보러 갔다. 아침 첫 상영작은 영화비를 할인받을 수 있기 때문이다. 우리는 가격에 민감한, 수요의 가격 탄력성이 큰 소비자들이니까.

사실 조조 할인이 아니더라도 청소년의 영화 티켓은 어른들보다 싸다. 언니는 영화관 가는 게 아깝다고 넷플릭스를 이용하는데, 나보다 더 가격에 민감한 사람인가보다.

03

사과 가격은 어떻게 결정될까?[7]

사과 시장의 수요와 공급으로 살펴본 균형 가격 결정[8]

'딩동, 딩동!'

수업 시작을 알리는 종이 울렸다. 복도에서 기다리던 학부모님들이 교실 뒷문으로 들어오자 실험경제반 친구들도 힐끗힐끗 뒤를 돌아보았다. 학부모 참관 수업이 있는 날이었다.

차분한 분위기를 깨며 나 선생이 쾌활하게 외쳤다.

"별별 사과 시장에 오신 것을 환영합니다! 오늘은 열네 분이나 오셨군요? 뒤편에 계신 분들, 어서 앞으로 오세요!"

나 선생은 이렇게 외치며 교실 뒤쪽으로 성큼성큼 걸어가 학부모 두 분을 자녀들 옆자리로 안내했다.

"어머님, 아버님들 빨리 앞으로 오세요. 한 분도 뒤에 계시면 안 돼요!"

모두 자리에 앉자, 나 선생은 큰 소리로 말했다.

"여러분은 모두 사과를 사거나 팔고자 오신 거예요."

"네? 사과가 어디 있어요?"

재준이의 물음에 나 선생은 교탁에 있는 사과 맛 캐러멜 상자를 가리켰다. 그러고는 종이를 한 장씩 나눠 주며 말했다.

"종이에 적힌 정보는 아무에게도 보여 주면 안 됩니다. 다른 사람이 알면 그만큼 불리해지거든요. 꼭 지켜 주셔야 해요!"

종이에는 두 번 열리는 사과 시장에서 각자 맡게 되는 역할(공급자 혹은 수요자)이 적혀 있었다. 만약 공급자라면 사과 한 꾸러미를 생산하는 데 들어간 비용이, 수요자라면 사과 한 꾸러미에 대해 지불할 의향이 있는 최대 가격이 적혀 있었다.

"자, 모두 다 받으셨죠? 오늘 사과 시장은 총 두 번 열립니다. 첫 번째 시장에서 자신이 어떤 역할을 맡았는지 확인하세요. 공급자 아니면 수요자일 거예요. 공급자는 파는 쪽, 수요자는 사는 쪽이에요. 공급자는 수요자를, 수요자는 공급자를 찾아서 사과 가격을 흥정하고 계약을 하세요. 거래를 마치면 거래 계약서를 작성해서 제게 주세요. 이때 가장 중요한 규칙이 하나 있습니다! 집중해 주세요!"

나 선생의 말에 잠시 정적이 흘렀다. 모두 나 선생을 바라보니 그제야 말을 꺼냈다.

"우리는 모두 '합리적인' 수요자와 공급자예요. 공급자는 손해 보는 장사를 하지 않고, 수요자는 소비로 얻는 만족감보다 더 높은 가격을 지불하지 않아요. 그리고 사람마다 사과 한 꾸러미를 소비할 때 느끼는 만족감은 다릅니다. 가령 사과 한 꾸러미에 2만 원의 만족감을 느낀다면 그보다 높은 가격에 사과를 사지 않겠지요? 이런 경우, 최대 2만 원까지 지불할 수 있어요. 내가 느끼는 만족감이 2만 원이라면 그보다 높은 가격에 사과를 사면 안 되는 거죠. 만족감을 느끼는 가격까지는 지불할 의향이 있을 테니 소비로 인한 만족감 수준을 '지불 의향 가격'이라고 부르기로 해요."

"공급자는 어떻게 해야 해요?"

선아와 규현이가 동시에 물었다.

"공급자마다 사과를 생산할 때 드는 비용이 달라요. 어떤 사람은 적은 비용으로 생산하고, 어떤 사람은 비용이 많이 들어요. 생산 비용보다 낮은 가격으로 팔면 손해를 보니까, 그러면 안 되고요. 생산 비용보다 비싸게 팔수록 좋아요."

"그럼 지불 의향 가격이 2만 원인 수요자랑 생산 비용이 3만 원인 공급자가 만나면 어떡해요?"

"좋은 질문이에요! 그럴 때는 거래가 힘들겠죠? 여기선 절대

사과 시장 역할 정보

첫 번째 시장에서의 역할: 수요자(구매자)
당신이 사과 한 꾸러미에 느끼는 만족감은 **4만 원**입니다. 가능한 싸게
사서 추가 이익을 많이 남기세요. 단, 4만 원 이하로만 거래 가능합니다.
* 추가 이익: 4만 원 − 거래 가격

두 번째 시장에서의 역할: 공급자(판매자)
당신이 사과 한 꾸러미를 생산하는 데 든 비용은 **3만 원**입니다. 가능한
비싸게 팔아서 추가 이익을 많이 남기세요. 단, 3만 원 이상으로만 거래
가능합니다.
* 추가 이익: 거래 가격 − 3만 원

예시2 **사과 시장 역할 정보**

첫 번째 시장에서의 역할: 수요자(구매자)
당신이 사과 한 꾸러미에 느끼는 만족감은 **2만 원**입니다. 가능한 싸게
사서 추가 이익을 많이 남기세요. 단, 2만 원 이하로만 거래 가능합니다.
* 추가 이익: 2만 원 − 거래 가격

두 번째 시장에서의 역할: 공급자(판매자)
당신이 사과 한 꾸러미를 생산하는 데 든 비용은 **1만 원**입니다. 가능한
비싸게 팔아서 추가 이익을 많이 남기세요. 단, 1만 원 이상으로만 거래
가능합니다.
* 추가 이익: 거래 가격 − 1만 원

손해 보는 거래는 하지 않기로 규칙을 정했으니까요. 서로에게 만족스러운 거래를 마치고 거래 계약서를 작성해 제출한 분들에게는 맛있는 사과(캐러멜)를 드릴 거예요. 그러니 거래를 해야 공급자, 수요자 모두 이익이겠죠? 단, 어느 쪽이든 손해를 보는 거래를 했다면 사과를 드리지 않습니다! 이제 두 번의 시장이 열릴 텐데, 각 시장에서 사과 한 꾸러미씩만 거래하기로 해요. 이것도 규칙입니다. 공급자는 사과 한 꾸러미를 팔고, 수요자는 사과 한 꾸러미만 사는 거예요!"

"공급자의 이익은 '거래 가격-자신의 생산 비용', 수요자의 이익은 '지불 의향 가격-거래 가격'이란 거네요?"

재연이가 메모하며 말했다.

"네, 잘 이해했군요. 그럼 거래를 시작해 볼까요? 자, 첫 번째 사과 시장이 열렸습니다!"

보이지 않는 손, 시장에서 가격을 결정하는 숨은 힘!

"사과 사요! 저에게 사과 팔 사람?"

"여기 사과 싸게 팝니다!"

여기저기서 공급자와 수요자가 사과 가격을 흥정하느라 교실이 왁자지껄해지자 정말 시장 분위기가 났다. 부모님들도 처음에는 어색해 하다가 아이들을 따라 적극적으로 흥정에 나섰다.

"에이, 2만 원 넘게는 못 사."

"전 4만 원 이상 받아야 하는데요? 친구 엄마라고 더 깎아 드리지 않아요!"

서로 원하는 가격이 맞지 않아 거래가 이루어지지 않는 친구들, 또 조금 더 자신의 이익을 챙기려 흥정하는 친구들도 있었다. 나 선생은 그 사이를 오가며 흐뭇하게 구경했다.

"저희 거래되었어요!"

첫 거래 계약서를 낸 건 재연이었다. 이어서 선아가 냈다.

잠시 후, 시끌벅적했던 교실이 조용해졌다.

"첫 번째 사과 시장이 끝났습니다!"

나 선생의 외침과 함께 모두 자리에 앉았다.

"이제 어떻게 거래했는지 내역을 살펴볼게요. 이번 사과 시장의 거래량은 총 다섯 건이네요. 먼저 재연이랑 경호가 1만 5,000원에 거래했네요. 재연이의 생산 비용은 1만 원, 경호의 지불 의향 가격은 4만 원. 재연이는 5,000원 이득을 봤고 경호는 2만 5,000원 이득이었습니다!"

"우와! 경호 대단하네. 2만 5,000원? 오늘의 MVP 아나?"

공급자
(생산 비용 1만 원)

수요자
(지불 의향 가격 4만 원)

첫 번째 시장의 거래 내역

거래 번호	거래 가격	공급자의 생산 비용	수요자의 지불 의향 가격	공급자의 추가 이익 (생산자 잉여)	수요자의 추가 이익 (소비자 잉여)
1	1만 5,000원	1만 원	4만 원	5,000원	2만 5,000원
2	1만 1,000원	1만 원	2만 원	1,000원	9,000원
3	1만 9,000원	1만 원	2만 원	9,000원	1,000원
4	3만 1,000원	3만 원	4만 원	1,000원	9,000원
5	1만 9,000원	1만 원	2만 원	9,000원	1,000원

"다음은 선아와 규현이 아버님의 거래입니다! 규현이 아버님
이 판매하시고 선아가 구매했네요. 거래 금액은 1만 1,000원이
고, 규현이 아버님의 생산 비용은 1만 원, 선아의 지불 의향 가

격은 2만 원! 그럼 선아는 9,000원의 추가 이익이 생겼고, 규현이 아버님의 추가 이익은 1,000원입니다. 그럼 평균 거래 가격은…… 2만 원쯤 되나요?”

“1만 9,000원이요! 제가 계산이 빠르거든요.”

창민이가 우쭐거리며 말했다.

나 선생은 칠판에 평균 거래 가격의 계산 과정을 적었다.

$$\frac{15,000+11,000+19,000+31,000+19,000}{5}=19,000$$

“창민이가 한 계산이 정확했군요! 첫 번째 시장의 평균 거래 가격은 1만 9,000원입니다! 경호가 수익을 가장 많이 남겼네요!”

“그런데 선생님, 아까 암산하신 거예요? 2만 원쯤 된다고 말씀하셨잖아요?”

창민이가 물었다.

“아니, 암산은 잘 못하는데. 2만 원쯤 될 줄 알고 있었거든!”

“어떻게 알아요? 예측의 신이세요?”

“여기엔 ’보이지 않는 손’이 숨어 있기 때문이지!”

"네?"

재연이가 의아한 표정으로 물었다.

"지불 의향 가격이 4만 원인 수요자가 세 명, 지불 의향 가격이 2만 원인 수요자가 다섯 명, 생산 비용 1만 원인 공급자가 네 명, 생산 비용 3만 원인 공급자가 두 명 있었어요. 아까 나눠 준 종이에 그렇게 분포하도록 적었죠."

나 선생은 칠판에 내용을 적으며 말했다.

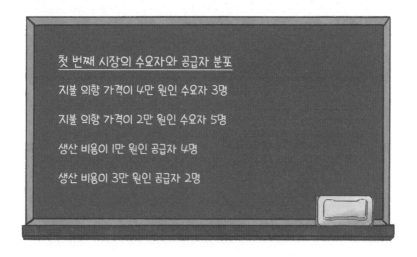

"가격이 2만 5,000원에 결정되었다면 팔고자 하는 양과 사고자 하는 양은 어떻게 바뀌었을까요?"

나 선생이 물었다.

"팔고자 하는 양은 사과 네 꾸러미예요. 생산 비용이 3만 원인 사람은 사과 생산을 그만두고 딴 일을 할 테니까요."

"사고자 하는 양은 사과 세 꾸러미예요. 만족감이 2만 원인 소비자는 안 살 테니까요."

"그럼 사과가 두 꾸러미 남네요."

선아와 규현이가 차례로 말했다.

"응, 사과가 남으면 싸게라도 팔아 치우려고 하겠네!"

경호의 말에 창민이도 동의하며 말했다.

"그래, 그럼 가격은 내려가기 마련이라고."

"맞아. 그래서 2만 5,000원은 안정적인 가격이 아니야. 가격이 1만 2,000원이면 어떨까?"

"그럼 팔고자 하는 양은 사과 네 꾸러미, 사고자 하는 양은 사과 여덟 꾸러미예요."

"이번엔 사과가 모자라네요! 그러면 사과를 사려는 사람들이 돈을 더 낼 테니 자기한테 팔라고 하겠죠?"

시현이와 창민이가 이어서 말했다.

"맞아요. 이걸 표로 정리하면 이렇게 될 거예요."

나 선생은 첫 번째 시장의 수요표와 공급표를 교실 스크린에 띄웠다.

첫 번째 시장의 수요표

p(가격, 천 원)	수요량(꾸러미)
p > 40	0
20 < p ≤ 40	3
0 < p ≤ 20	8

첫 번째 시장의 공급표

p(가격, 천 원)	공급량(꾸러미)
p < 10	0
10 ≤ p < 30	4
p ≥ 30	6

"일정 기간 동안의 가격과 사고자 하는 양인 수요량의 대응 관계를 나타내는 표를 '수요표', 일정 기간 동안의 가격과 팔고자 하는 양인 공급량의 대응 관계를 나타내는 표를 '공급표'라고 불러요. 이걸 그래프로 그려 볼까요? 가격과 수요량의 대응 관계를 나타낸 수요 곡선은 빨간선, 가격과 공급량의 대응 관계를 나타낸 공급 곡선은 파란선입니다. 함께 있으니 가격이 얼마일 때 '안정적'인지 보일 거예요."

"2만 원이네요!"

"수요 곡선과 공급 곡선이 만나는 지점이죠? 두 곡선이 만난

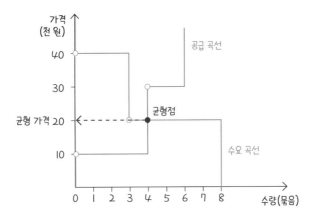

첫 번째 시장의 수요 곡선과 공급 곡선

점에서는 수요량과 공급량이 같아서 남지도 모자라지도 않아요."

경호와 재연이가 외쳤다.

"맞아요. 다른 조건의 변화가 없다면 그 가격 수준에서 안정적으로 머물러 있을 거예요. 결국 시장에선 이 가격으로 거래되겠죠. 첫 번째 시장에서 1만 9,000원이 평균 거래 가격이었잖아요."

"와! 정말 거의 2만 원에 가깝네요."

창민이가 신기한 듯 말했다.

"이게 바로 시장에서 가격을 결정하는 '보이지 않는 손'의 원리입니다! 자, 그럼 20분 쉬었다가 다시 만나요!"

＊ 경제 개념: 수요, 공급

＊ 수학 개념: 일차함수, 연립일차방정식, 역함수

Q1. 다음 표를 참고해 별별마을에서 일주일 동안 소비하는 식빵의 수요 함수를 구해 볼까요?

식빵 가격에 따른 수요량

(단, 가격과 수요량은 일정한 비율로 변해요.)

가격(천 원)	0	2	4	6	…
수요량(개)	40	33	26	19	…

두 변수인 가격(P, Price)과 수요량(Q_d, Quantity of Demand)은 일정 비율로 변하므로, 두 변수의 관계는 일차함수가 됩니다. 가격에 따른 수요량의 변화니까 $Q_d = aP + b$가 되지요. 이때 a는 $\dfrac{Q_d의\ 변화량}{P의\ 변화량}$ 입니다. 표에서 임의로 두 개의 점을 고릅니다. (0, 40)과 (2, 33)을 고를게요.

그럼 $a = \dfrac{Q_d의\ 변화량}{P의\ 변화량} = \dfrac{33-40}{2-0} = -\dfrac{7}{2}$을 얻을 수 있어요. b는 가격이 0원일 때의 수요량이므로, $b = 40$입니다.

따라서 별별마을 식빵의 수요 함수는 $Q_d = -\dfrac{7}{2}P + 40$입니다.

Q2. 그렇다면 식빵의 수요 곡선은 어떻게 나타날까요?

수요 함수에서 가격(P)과 수요량(Qd)의 위치를 거꾸로 한 함수, 즉 역함수를 만들어 그래프로 그리면 수요 곡선이 됩니다. $P = \dfrac{Q_d}{a} - \dfrac{b}{a}$, 즉 별별마을의 식빵 수요 함수의 역함수는 $P = -\dfrac{2}{7}Q_d + \dfrac{80}{7}$입니다. 이걸 그래프로 나타내 볼까요?

별별마을 식빵의 수요 곡선

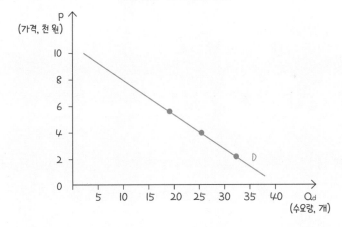

수요 곡선이 뭔가 이상하지 않나요? 수요 함수 그대로 그래프를 그릴 줄 알았는데 가로축과 세로축이 바뀐 느낌이지요? 이처럼 두 변수의 역할을 바꿔 주는 걸 '역함수'라고 부릅니다. 수요 곡선은 수요 함수의 역함수예요! 경제학에서는 수요 또는 공급에 대한 그래프를 그릴 때 가로축과 세로축을 바꿔서 그려요. 알프레도 마샬(Alfred Marshall)이라는 경제학자가 그렇게 하기 시작한 후 관습이 되어 버렸다고 해요!

Q3. 그럼 다음 표를 참고해 별별마을 식빵의 공급 함수를 구하고 공급 곡선[9]을 그려 볼까요?

식빵 가격에 따른 공급량
(단, 가격과 공급량은 일정한 비율로 변해요.)

가격(천 원)	0	2	4	6	⋯
공급량(개)	0	13	26	39	⋯

공급 함수를 구하는 방법은 수요 함수와 동일해요. P는 가격, Q_s는 공급량(Quantity of Supply)입니다. 여기서 별별마을 식빵의 공급 함수는 $Q_s = \dfrac{13}{2}P$입니다.

공급 함수인 $Q_s = \dfrac{13}{2}P$를 P에 대해 정리한 역함수를 구하면 $P = \dfrac{2}{13}Q_s$가 되네요. 이걸 그래프로 그리면 별별마을 식빵의 공급 곡선이 나와요.

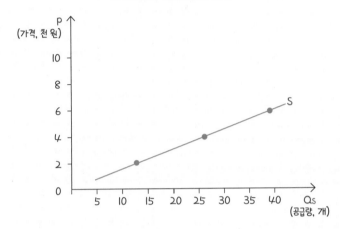

별별마을 식빵의 공급 곡선

Q4. 지금까지 구한 답을 바탕으로 별별마을에서 소비하는 식빵의 균형 가격과 균형 거래량을 찾아볼까요?

별별마을 식빵의 균형 가격과 균형 거래량을 구하려면 우선 수요 곡선과 공급 곡선을 한 그래프로 합해 볼게요(122쪽 그래프 참고). 두 곡선이 만나는 점이 보이나요? 수요량과 공급량이 일치하는 이 지점의 가격은 4,000원이에요. 다른 변화 요인이 없다면 이 가격은 안정적으로 유지될 거예요. 이 가격 수준이 균형 가격(P_e), 그때 거래되는 양이 균형 거래량(Q_e)입니다. 즉, 두 곡선이 만나는 점(E)의 P값과 Q값인 거죠.

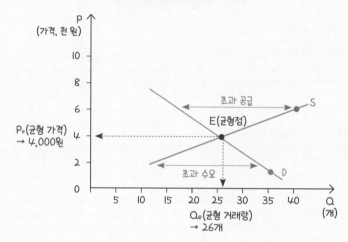

별별마을 식빵의 균형 가격 결정

E점의 P값과 Q값은 수학에서 두 연립방정식의 '해'라고 부르는 값입니다. 그럼 두 식을 만족하는 (P, Q)를 찾아볼까요? 먼저 두 식을 다음과 같이 나란히 쓰고 한 식에서 다른 한 식을 뺍니다.

$$Q + \frac{7}{2}P - 40 = 0 \text{(식빵 수요)}$$

$$- \left| Q - \frac{13}{2}P \quad = 0 \text{(식빵 공급)} \right.$$

$$10P - 40 = 0 \text{(식빵 수요-식빵 공급)}$$

이렇게 계산하면 P = 4(천 원)가 나옵니다. 이를 다시 위의 두 식 중 하나에 대입해 보면 Q = 26(개)이 나와요. 어때요? 우리가 그래프로 확인했던 균형 가격과 균형 거래량과 같지요?

04

왜 사과 가격은 폭등했을까?

수요와 공급의 변화로 인한 균형 가격의 변동[10]

"모두 잘 쉬셨나요? 바로 두 번째 사과 시장을 열겠습니다. 공급자는 수요자를, 수요자는 공급자를 찾으……!"

"자, 여기 싱싱한 사과 있어요! 사러 오세요."

"얼마에 파세요?"

나 선생이 말을 끝내기도 전에 이미 흥정이 시작되었다.

"좀 싸게 줘요. 전 2만 원 넘게는 못 사요."

"에이, 그럼 난 손해여서 안 돼요."

첫 번째 시장보다 더 떠들썩한 시장 분위기가 났다.

수요와 공급의 변화,
사과 가격이 오른 이유는 무엇일까?

"땡땡! 이제 두 번째 사과 시장이 끝났습니다. 거래 계약서를 제출하시고 자리에 앉으세요."

첫 번째 시장에서처럼 거래 내용을 확인했다.

"규현 공급자님! 이번엔 장사를 아주 잘하셨네요? 거래 가격은 3만 원입니다. 공급자 규현이의 생산 비용은 1만 원, 수요자인 시현이의 지불 의향 가격은 4만 원. 공급자가 2만 원이나 남겼네요? 수요자도 1만 원 추가 이익입니다."

"야! 너 생산 비용이 3만 원이라며?"

시현이가 규현이를 보며 쏘아붙였다.

"미안! 장사할 때 내 생산 비용을 알려 줄 필요는 없잖아?"

규현이가 킥킥거리며 답했다.

"그럼 다른 거래도 살펴볼까요? 이번엔 경호랑 경호 어머니네요? 우와, 어머니와 아들의 거래를 한번 보죠. 이번엔 경호가 공급자, 어머니가 수요자였습니다. 거래 가격은 4만 원!"

"뭐야, 계속 첫 번째 시장보다 비싸게 거래되네?"

"넌 엄마한테 왜 그렇게 비싸게 팔았냐?"

창민이가 경호를 보며 놀리듯 말했다.

"공급자의 생산 비용은 3만 원이었으니까 1만 원 이익, 수요자는 지불 의향 가격이 4만 원이었으니까 이익은 제로!"

"경호는 계속 이익 킹이네!"

나 선생은 다음 거래 내역을 확인하며 칠판에 정리했다.

두 번째 시장의 거래 내역

거래 번호	거래 가격	공급자의 생산 비용	수요자의 지불 의향 가격	공급자의 추가 이익 (생산자 잉여)	수요자의 추가 이익 (소비자 잉여)
1	3만 원	1만 원	4만 원	2만 원	1만 원
2	4만 원	3만 원	4만 원	1만 원	0원
3	2만 5,000원	1만 원	4만 원	1만 5,000원	1만 5,000원
4	3만 2,000원	3만 원	4만 원	2,000원	8,000원
5	1만 9,000원	1만 원	2만 원	9,000원	1,000원

"이번에도 다섯 건의 거래가 있었네요. 재연이는 거래를 못 했나 봐요. 흥정하기가 어려웠나요?"

"전 이번에 운이 안 좋았어요. 제 생산 비용이 3만 원인데, 저랑 만난 수요자들은 모두 2만 원까지만 지불할 수 있다는 거예요. 다른 수요자들은 이미 거래가 끝났다고 하고요."

재연이가 아쉬워하며 말했다.

"맞아요. 서로 거래하고자 하는 금액이 맞지 않으면 그럴 수 있죠. 이번 시장에서 평균 거래 가격은 얼마일까요? 계산해 봐요!"

"2만 9,200원이요!"

이번에도 창민이가 재빠르게 말했다.

"정말 빠르다! 창민이의 계산이 맞는지 함께 확인해 볼까요?"

$$\frac{30{,}000+40{,}000+25{,}000+32{,}000+19{,}000}{5}=29{,}200$$

"딩동댕! 맞았네요. 두 번째 시장의 평균 거래 가격은 2만 9,200원입니다."

"첫 번째 시장보다 가격이 많이 올랐네요. 아깐 2만 원도 채 안 되지 않았나?"

선아의 질문에 재연이가 답했다.

"1만 9,000원이었어."

"두 번째 시장에서 공급자들이 비싸게 판 거 아니에요?"

몇몇 친구들이 웅성웅성했다.

"여기도 '보이지 않는 손'의 비밀이 숨어 있어요! 수요자와 공급자 분포를 바꿨거든요."

"두 번째 시장에선 수요자와 공급자가 어떤 분포로 있었나 궁금해요. 빨리 말해 주세요."

나 선생의 말에 시현이가 재촉했다.

"두 번째 시장에서는 지불 의향 가격이 4만 원인 수요자가 네명, 지불 의향 가격이 2만 원인 수요자가 두 명이었어요. 공급자의 경우, 생산 비용이 1만 원인 공급자가 세 명, 생산 비용이 3만원인 공급자가 다섯 명이었고요."

나 선생은 칠판에 내용을 적으며 말했다.

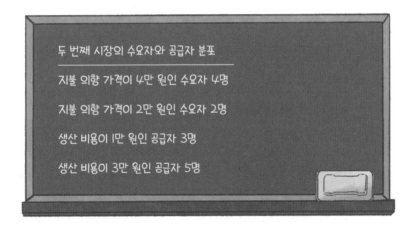

두 번째 시장의 수요자와 공급자 분포

지불 의향 가격이 4만 원인 수요자 4명

지불 의향 가격이 2만 원인 수요자 2명

생산 비용이 1만 원인 공급자 3명

생산 비용이 3만 원인 공급자 5명

"이 분포를 가지고 여러분이 직접 가격과 수요량의 대응 관계와 가격과 공급량의 대응 관계를 표로 정리해 볼까요?"

"네! 좋아요."

친구들은 옆 친구와 상의하며 두 번째 시장의 수요표와 공급표
를 만들었다.

두 번째 시장의 수요표

p(가격, 천 원)	수요량(꾸러미)
p > 40	0
20 < p ≤ 40	4
0 < p ≤ 20	6

두 번째 시장의 공급표

p(가격, 천 원)	공급량(꾸러미)
p < 10	0
10 ≤ p < 30	3
p ≥ 30	8

"정말 잘했어요. 그럼 수요표와 공급표를 보고 수요 곡선과 공
급 곡선도 한 그래프에 그려 보세요! 그리고 균형 가격이 얼마인
지도 확인해 봐요!"

그래프를 그리기 시작한 지 2분 남짓 지난 후, 재연이가 가장
먼저 얘기했다.

"여기선 균형점에서의 가격이 3만 원이에요."

"우와, 재연이는 벌써 다 그렸네요. 그럼 3만 원이 맞는지 함께 확인해 볼까요?"

나 선생은 칠판에 두 번째 시장의 수요 곡선과 공급 곡선을 그렸다.

두 번째 시장에서의 균형 가격의 변동

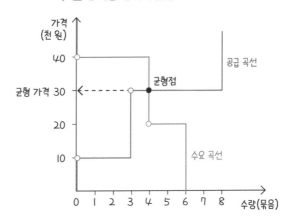

"두 번째 시장에서는 수요 곡선과 공급 곡선이 만나는 균형점에서의 가격이 3만 원이네요. 두 번째 시장의 평균 거래 가격이 얼마였죠?"

재연이가 수첩을 확인하려는 찰나에 경호가 외쳤다.

"2만 9,200원이었어요!"

"3만 원에 가깝네요."

"수요자, 공급자의 분포가 달라지니까 균형 가격이 바뀌었어
요!"

재연이가 또랑또랑한 목소리로 말했다.

"맞아요. 두 번째 시장의 수요자와 공급자 분포로 여러 번 거래
를 하다 보면 평균 거래 가격이 점점 더 3만 원에 근접해져요."

균형 가격의 변동,
수요나 공급이 달라지면 균형 가격도 변한다

"그런데요, 선생님! 아까 균형 가격이란 게 안정적인 가격 수준
이라고 하지 않으셨나요? 수요자와 공급자의 분포에 따라서 변
하네요?"

재준이의 물음에 나 선생은 기다렸다는 듯 말했다.

"정말 좋은 질문이에요! 아까 '균형'을 얘기할 때, '다른 조건
이 변하지 않으면' 안정적으로 유지되는 상태라고 했던 거 기억
해요? 첫 번째 시장과 두 번째 시장은 '다른 조건이 변한' 거예요.
'다른 조건이 변하지 않으면'이란 말은 가격과 수요량과의 대응
관계인 수요 함수와 가격과 공급량과의 대응 관계인 공급 함수가
'변하지 않으면'이란 말과 같아요."

"음, 잘 이해가 안 되는데⋯⋯."

"그럴 거예요. 만약 '사과가 건강에도 좋고 다이어트에도 효과가 있더라'라는 연구 결과가 나와서 사람들이 사과를 많이 찾게 되었다고 해 보죠. 예전에는 사과 한 꾸러미에 2만 원어치의 만족감을 느끼다가 이제 4만 원어치의 만족을 느끼는 사람이 많아졌다면 새로운 대응 관계가 만들어질 거예요. 이 경우에는 수요가 증가했으니 수요 곡선이 새롭게 그려지겠죠? 이런 경우가 '다른 조건이 변한' 거예요!"

"그럼 공급 변동도 마찬가지고요?"

재연이가 이어서 물었다.

"그렇죠. 사과 농사를 짓는 데 필요한 비료 가격이 올랐다고 해 봐요. 그러면 사과 공급자들의 생산 비용이 올라갈 거예요. 예전엔 사과 한 꾸러미에 생산 비용이 1만 원이었다면 이젠 3만 원이 될 수도 있죠. 그러면 사과 가격과 사과 공급량 사이의 대응 관계 자체가 바뀌어서 새롭게 공급 곡선이 그려지겠죠? 이처럼 수요 곡선이나 공급 곡선을 새로 그려야 하는 상황이 발생한다면 '다른 조건이 변한' 것이고, 이때 균형점도 변해요. 균형 가격과 균형 거래량 모두 바뀌는 거죠. 이런 경우에 공급이 감소했다고 해요."

"첫 번째 시장과 두 번째 시장의 거래 가격의 분포를 비교해

보면 높은 지불 의향 가격을 가진 수요자들이 두 번째 시장에서 더 많아졌어요. 그리고 높은 생산 비용을 가진 공급자들도 많아졌고요."

재연이가 수첩에 적어 둔 메모를 보면서 말했다.

"맞아요. 첫 번째 시장에서의 수요 곡선과 두 번째 시장에서의 수요 곡선을 비교해 보면 곡선이 오른쪽으로 이동해 있지 않나요? 만약 공급에는 변화가 없어서 첫 번째 시장의 공급 곡선은 그대로이고, 수요 곡선만 두 번째 시장처럼 변화했다고 해 보죠.

그럼 거래량이 증가하고 균형 가격도 오르면서 균형점이 이동하겠죠?"

"진짜 그러네요? 그럼 공급 곡선만 변하면 어떻게 되나요?"

선아가 물었다.

"첫 번째 시장의 공급 곡선과 두 번째 시장의 공급 곡선을 비교하면 어떤가요?"

"조금 왼쪽으로 이동한 것 같은데요?"

"맞아요. 두 번째 시장에서 생산 비용이 높은 공급자가 많아진 건 생산 비용의 상승으로 공급이 감소한 걸로 볼 수 있어요. 공급이 감소하면 공급 곡선이 왼쪽으로 이동해요. 그럼 균형 가격은

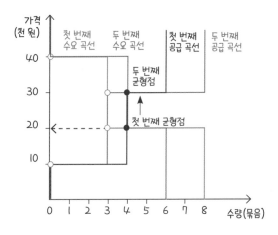

균형점의 이동

오르고 거래량은 감소하죠."

"두 번째 시장이 첫 번째 시장에 비해 수요 증가와 공급 감소가 함께 일어난 거니까 균형 가격이 오를 수밖에 없겠어요."

선아의 말이 끝나자 재연이가 덧붙였다.

"수요 증가와 공급 감소가 모두 균형 가격을 높이는 요인이니 그렇게 될 수밖에 없죠. 음, 그렇다면 수요 증가는 거래량을 늘리는 요인이고, 공급 감소는 거래량을 감소시키는 요인인데 어떤 요인의 영향이 더 큰지 모를 땐 거래량의 변화를 예측할 수 없겠어요."

"맞아요. 이제 척척이네요."

"근데 선생님, 지금 그래프는 계단 모양인데 왜 '곡선'이라고 해요?"

시현이가 조심스럽게 손을 들더니 물었다.

"아, 그래, 좋은 질문이에요! 여기서 나온 수요 곡선은 계단처럼 끊어진 직선 형태인데 왜 곡선이라고 부를까요? 사과 시장 실험에서는 지불 의향 가격이 2만 원인 사람과 4만 원인 사람만 있다고 가정했기 때문에 이런 형태가 나온 거예요. 실제 수요 함수에서는 수요자와 공급자가 무척 많을 테니 연속된 형태의 직선 혹은 곡선으로 그려져요. 그래프가 직선으로 나와도 수요 곡선이라고 부른답니다."

나 선생의 설명을 이해한 시현이는 연신 고개를 끄덕였다.

"오늘 모두 즐거운 시간되셨나요? 실험에 참여해 주신 부모님들도 고생 많으셨습니다! 수업을 마치겠습니다."

수학적 사고를 더해요 ⑭

Q1. 수요 변동과 수요량 변동의 차이는 무엇일까요?

수요 변동은 가격과 수요량의 대응 관계인 수요 함수 자체가 바뀐 걸 말해요. 118쪽에서 설명했던 별별마을 식빵 이야기를 계속하면서 설명해 볼게요. 4,000원에 형성된 식빵의 균형 가격이 잘 유지되고 있던 마을에 변화가생겼어요. 연말에 식빵을 먹으면 다음 한 해가 행운으로 가득하다는 소문이돌자, 마을 사람들이 식빵을 예전보다 더 사게 되었어요. 그래서 가격과 수요량의 대응 관계가 다음과 같이 변했어요.

별별마을 식빵의 가격에 따른 수요량

가격(천 원)	0	2	4	6	…
수요량(개)	50	43	36	29	…

새로운 수요 함수는 $Q_{d\,new} = -\frac{7}{2}P + 50$입니다. P에 대해 정리해 역함수를 만들면 $P = -\frac{2}{7}Q_{d\,new} + \frac{100}{7}$이 새로운 수요 곡선이 됩니다. 원래 수요 곡선은 D로, 새로운 수요 곡선은 D_{new}로 표시할게요. 공급 곡선은 변함없으니 S는 그대로 두고요.

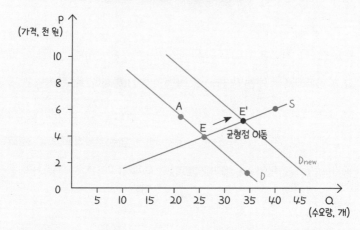

수요 증가로 인한 균형점의 변화

균형점이 E에서 E'로 이동하는 걸 알 수 있죠? 위의 그래프에서 보면 균형 가격은 올랐고 균형 거래량도 늘었어요. 수요가 증가하니 수요 곡선이 오른쪽으로 이동(세로축 방향으로 $+\frac{20}{7}$만큼 평행이동)했어요. 만약 반대로 수요가 감소하면 수요 곡선이 왼쪽으로 이동할 거예요.

여기서 잠깐! '수요 변동'과 '수요량 변동'을 헷갈리면 안돼요! 수요 변동은 수요 함수의 변화이지만 수요량 변동은 함수의 변화가 아니에요! 수요량 변동은 가격과 수요량의 대응 관계, 즉 수요 함수는 그대로인데 가격이 변화해서 수요량이 변한 거예요. D곡선 상에서 A점에서 E점으로 이동하는 게 이런 경우죠. 시장의 균형이라는 게 처음부터 딱 맞춰지는 게 아니고 가격이 올랐다 내렸다 하면서 남지도, 모자라지도 않는 점을 찾아가는 것이거든요.

Q2. 이제 공급 변동과 공급량 변동의 차이를 비교해 볼까요?

공급도 수요와 마찬가지로 변할 수 있어요. 만약 식빵을 만드는 주 재료인 밀가루 가격이 폭등해서 식빵의 생산 비용이 올랐다고 합시다. 생산 비용이 오르면 공급자들은 각 가격에 대응하는 공급량을 줄입니다. 가격과 공급량의 대응 관계가 변했으니, 공급 함수가 바뀌었다고 말할 수 있고 공급 곡선도 새로 그려야겠죠?

이처럼 각 가격에 대응하는 공급량이 모두 줄면 '공급이 감소했다'라고 하고 새로운 공급 곡선이 그려집니다. 원래 공급 곡선과 비교해 보면 새로운 공급 곡선은 왼쪽에 위치할 거예요. 만약 반대로 공급이 증가한다면 오른쪽으로 이동하고요. 수요의 변화 없이 공급만 감소했다면 균형 가격은 오르고 균형 거래량은 줄어듭니다. 직접 그래프를 그려서 확인해 보세요!

Q3. 수요와 공급이 동시에 변했을 때, 균형 가격과 균형 거래량은 어떻게 변화할까요?

만약 수요 증가와 공급 감소가 함께 발생했다면 두 요인 다 균형 가격을 올리는 요인이므로 균형 가격이 오릅니다. 하지만 균형 거래량은 어떻게 변화할지 예측할 수 없어요. 수요 증가는 거래량을 늘리는 요인이고, 공급 감소는 거래량을 줄이는 요인인데 어떤 게 더 영향을 줬는지 알 수 없기 때문이에요.

수요 감소와 공급 감소가 동시에 발생했다면 균형 거래량은 줄어들지만 균형 가격의 변화는 예측할 수 없어요. 이처럼 수요와 공급이 동시에 변화하면 균형 가격과 균형 거래량의 변화 방향 중 하나는 예측이 가능하지만 하나는 예측할 수가 없답니다. 뉴스나 신문을 보면서 여러분이 관심 있는 상품의 시장 변화를 예측해 보세요.

경제 개념 쿡!

시장 원리, 이것만은 알아 두자!

1) 균형 가격의 결정

사과 시장 실험을 통해 수요 곡선과 공급 곡선을 그려 봤습니다. 교실 속
수요자와 공급자는 제한되어 있어서 곡선의 형태가 계단처럼 나왔지만 실
제로는 수요자와 공급자가 무척 많을 거예요. 공급하는 제품의 품질이 모두
같다고 가정하고, 수요자들의 지불 의향 가격과 공급자들의 생산 비용도 무
수히 많은 수준이 있다고 해 볼게요. 그런 경우 수요 곡선과 공급 곡선은 다
음 그래프처럼 나옵니다.

균형 가격의 결정

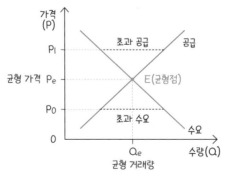

　가격이 P_1이라면 공급 과잉이라 공급자들이 싸게라도 팔려고 해서 안정적이지 못하고, 가격이 P_0이라면 그 반대가 됩니다. 가격이 P_e라면 남지도 않고 모자라지도 않아 시장이 안정적으로 유지될 거예요. 이때 P_e를 균형 가격, Q_e를 균형 거래량이라고 합니다. 다른 조건이 변하지 않으면 시장은 E점(균형점)에 머물러 있습니다.

2) 수요 변화와 수요량 변화는 다르다

　시장에 수요자가 늘거나 공급자의 생산 비용이 오르는 등 가격 외적인 변화가 생겼을 때, 즉 '다른 조건이 변하면' 얘기가 달라집니다. 이런 변화가 있으면 수요 함수나 공급 함수가 새롭게 생성되어 균형점의 위치도 바뀝니다. 사람들이 사과를 예전보다 좋아하게 되면, 사과 시장에선 모든 가격에

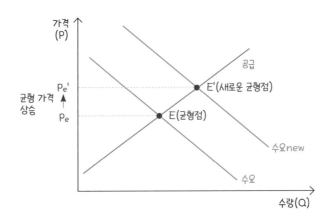

수요 증가로 인한 균형 가격 상승

서 사과를 사려는 양이 증가할 거예요. 가격과 수요량의 대응 관계 자체가 바뀌어 수요 곡선이 새롭게 그려지는데 이를 '수요 변화'라고 합니다. 수요가 증가하면 수요 곡선은 오른쪽으로 이동해서 균형 가격이 올라가고 균형 거래량도 늘겠죠?

　수요가 감소하면 반대로 수요 곡선이 왼쪽으로 이동해서 균형 가격이 감소하고 균형 거래량도 줄어듭니다. 수요의 변화 요인으로는 기호의 변화, 수요자 수의 증감, 대체해서 사용할 수 있는 상품이나 함께 사용해서 만족이 증대되는 상품 등 연관 상품(대체재, 보완재)의 가격 변화 등이 있습니다. 하지만 가격 변화에 따른 수요량의 변화는 수요의 변화가 아닙니다. 이건 다음 그래프처럼 수요 곡선 상에서의 이동으로 나타나니까요. 이때는 균형점의 변화가 일어나지 않습니다.

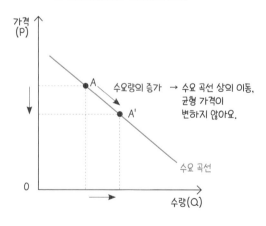

가격 변화에 따른 수요량의 변화

공급의 변동도 마찬가지예요. 스마트폰의 생산 기술이 향상되면 같은 비용으로 더 많이 만들 수 있겠지요? 모든 가격에 대응하는 공급량이 늘면서 가격과 공급량의 대응 관계가 변합니다. 이때 공급 곡선은 오른쪽으로 이동하며 균형 가격은 낮아지고, 균형 거래량은 늘어납니다. 공급 변동의 원인으로는 기술 발전, 생산 비용의 변화 등이 있습니다. 이때 가격 변화에 따른 공급량의 변동은 공급 곡선 상의 변화이므로 균형점이 변하지 않습니다.

3) 수요를 변동시키는 연관 상품, 대체재와 보완재

콜라와 사이다 중 어느 것을 마셔도 상관없는 사람들이 있다고 가정해봐요. 콜라의 가격이 오르면 사이다의 수요에는 어떤 영향을 줄까요? 콜라 가격이 오르면 콜라의 수요량이 줄어들고, 대신 사이다에 대한 수요는 증가할 거예요. 이렇게 X재의 가격이 올랐을 때, Y재의 수요가 증가하면 X재와 Y재는 대체재 관계에 있다고 합니다.

한 가지 더 예를 들어 볼게요. 감자튀김을 먹을 때 꼭 케첩을 찍어 먹어야 만족스러운 사람들이 있다고 해 보죠. 감자튀김의 가격이 오르면 감자튀김의 수요량은 줄어들고, 케첩의 수요도 함께 감소합니다. X재의 가격이 올랐을 때, Y재의 수요가 감소하면 X재와 Y재는 보완재 관계에 있다고 합니다. 감자튀김의 가격 상승은 케첩의 수요 곡선을 왼쪽으로 이동시킵니다. 케첩 시장의 수요 곡선에서 감자튀김 가격은 '다른 조건이 변화'한 요인이지 케첩 가격이 변한 게 아니기 때문이죠. 이처럼 대체재나 보완재의 가격 변화는 본 상품의 수요 곡선을 변동시킵니다.

가격 ↑

수요량 ↓

경제 용어

- **수요량**: 일정 기간 동안 특정 가격에서 사고자 하는 양
- **공급량**: 일정 기간 동안 특정 가격에서 팔고자 하는 양
- **수요**: 가격과 수요량의 대응 관계
- **공급**: 가격과 공급량의 대응 관계
- **균형 가격**: 다른 조건의 변화가 없을 때, 안정적으로 유지되는 가격
- **대체재**: X재의 가격이 올랐을 때, Y재의 수요가 증가하면 X재와 Y재는 대체재 관계
- **보완재**: X재의 가격이 올랐을 때, Y재의 수요가 감소하면 X재와 Y재는 보완재 관계

제3장

시장의 종류와 경제 원리:

보이지 않는 손이 작동하지 않으면 어떻게 될까?

카르텔은 붕괴할 수밖에 없다?

교복 시장 실험[11]으로 살펴본 독과점 시장

"마이크로소프트 윈도우 사용하는 사람, 손들어 볼까?"

나 선생이 교실에 오자마자 엉뚱한 질문을 하자, 일곱 명 친구들 모두 의아한 표정으로 손을 들었다.

"대부분 그거 쓰지 않아요? 맥을 쓰는 경우도 있긴 하지만."

재준이가 말했다.

"시장을 거의 독점하고 있는 마이크로소프트는 윈도우 프로그램에 100달러 남짓의 가격을 받아. 하지만 이렇게 시장을 독점하고 있다면 가격을 높여서 1,000달러, 1만 달러를 받아도 되지 않을까?"

"글쎄요. 가격이 너무 높으면 살 사람이 적을 것 같은데요?"

경호가 말했다.

"우리가 교복을 독점해서 생산하는 기업이라고 생각해 보자. 교복을 만드는 데 한 벌당 5만 원의 비용이 든다고 가정하고. 시장에서 9만 원까지 지불할 의향이 있는 수요자는 열두 명, 7만 원까지 지불할 의향이 있는 수요자가 열여덟 명, 6만 원까지 지불할 의향이 있는 수요자가 여섯 명이라고 할 때 가격을 얼마로 책정해야 이윤이 가장 클까?"

나 선생은 칠판에 표를 그리며 말했다.

교복 시장의 수요자 분포 A

지불 의향 가격	수요자 수
9만 원	12명
7만 원	18명
6만 원	6명

과점과 담합,
왜 기업들은 위험을 무릅쓰고 담합을 할까?

"만약에 교복 가격을 10만 원보다 높게 책정하면 하나도 안 팔리겠지? 9만 원이라면 이윤이 얼마일까?"

"열두 벌 판매할 테니까, 매출액은 9만 원×12명=108만 원, 여기서 총 생산 비용인 5만 원×12명=60만 원을 매출액에서 빼면…… 이윤은 48만 원이에요!"

선아가 천천히 말하며 계산하고 있을 때, 창민이가 빠르게 계산을 끝내고 큰 소리로 외쳤다.

"7만 원! 7만 원일 때 이윤이 최대예요! 계산해 보면 7만 원인 경우, 이윤이 60만 원이거든요. 6만 원일 땐 36만 원이고요."

"가격이 높다고 무조건 이윤이 커지는 게 아니네요?"

"수요자들의 지불 의향 가격에 따라 독점 기업이 이윤을 최대로 하는 가격 수준이 달라지겠네요. 잘 따져서 가격을 결정해야겠어요."

시현이와 재준이가 이어서 말했다.

"맞아. 이제 세 개의 교복업체가 있다고 해 볼까? 기업 역할 하고 싶은 사람? 선착순!"

경호, 창민, 시현이가 재빨리 손을 들었다.

"좋아. 경호, 창민, 시현이가 각각 교복업체라고 하자. 셋이 함께 가격과 생산량을 정하고, 이윤은 동등하게 삼등분 해서 나눠 갖는 거야. 교복 한 벌당 생산 비용은 5만 원이야. 시장에 수요자가 어떤 분포로 있는지 알려 줄게."

나 선생은 칠판에 교복 시장의 수요자 분포를 적었다.

교복 시장의 수요자 분포 B

지불 의향 가격	수요자 수
20만 원	3명
15만 원	1명

"기업이 아닌 네 명의 친구들은 모두 수요자야. 각자 교복에 얼마의 가치를 느끼는지, 지불 의향 가격이 여기 적혀 있어."

선아, 재연, 재준, 규현이가 교복에 대한 지불 의향 가격이 적힌 쪽지를 하나씩 받았다.

1번)

당신은 교복 수요자이고, 지불 의향 가격은 20만 원입니다.

당신의 추가 이익은 '20만 원 – 지불한 가격'입니다.

2번)

당신은 교복 수요자이고, 지불 의향 가격은 15만 원입니다.

당신의 추가 이익은 '15만 원 – 지불한 가격'입니다.

1번 쪽지는 세 장, 2번 쪽지는 한 장이었다. 누가 어떤 걸 받았는지는 알 수 없었다. 교복업체가 된 세 명의 친구들은 모여서 상의했다.

"가격은 20만 원으로 해야겠어. 20만 원이면 세 명이 살 거고, 그럼 매출액이 60만 원, 여기서 총 생산 비용 15만 원을 빼면 이윤은 45만 원이야."

"그래 좋아. 가격은 20만 원으로 하고 우리 모두 교복을 한 벌씩 생산하자. 이윤을 똑같이 나눠 가지면 15만 원씩 받게 되네."

경호, 창민, 시현이는 하이파이브를 하며 상의를 마쳤다.

"교복업체들 준비됐지? 그럼 시작하자!"

"자, 교복 한 벌 있습니다!"

경호가 먼저 교복 한 벌을 선아에게 20만 원에 팔았고, 창민이와 시현이도 각각 한 벌씩 20만 원에 팔았다. 예상대로 이윤을 15만 원씩 나눠 가졌다.

"뭐야, 너무 시시한데요? 저희가 예측한 대로 다 되네요?"

시현이가 말했다.

"그래도 이윤을 많이 남길 수 있었지? 이번엔 조금 다르게 교복을 팔아 보자. 교복업체 세 친구들! 방금 했던 거랑 똑같은데 달라지는 게 딱 하나 있어. 기업들이 서로 자리를 떨어져서 앉고, 자신이 얼마에 교복을 팔았는지 다른 기업들이 모르게 숨길 수 있어!"

"그래도 우린 약속을 잘 지킬 거예요! 수요자 분포는 같나요?"
시현이가 물었다.

"수요자 분포도 똑같아. 자, 그럼 교복업체 세 분, 서로 멀리 떨어져서 교복을 팔아 볼까요?"

카르텔의 붕괴,
시현이가 교복을 한 벌도 팔지 못한 이유

재준이는 시현이에게 가서 대화를 나누더니 경호에게 가서 교복을 샀다. 선아와 규현이도 처음에는 각각 시현이와 창민이에게 갔지만 경호에게 교복을 구매했다. 그 모습을 지켜보던 창민이는 마지막 남은 수요자인 재연이를 붙잡아 뭔가 이야기를 하다가 교복을 팔았다. 거래가 모두 끝난 후, 구매 상황을 공유했다.

재준이가 먼저 말을 꺼냈다.

"제 지불 의향 가격은 15만 원이었어요. 그래서 교복이 20만 원이면 살 수가 없었죠. 시현이에게 가 보니 20만 원에 판다길래 안 사고 경호한테 갔어요. 그랬더니 경호가 15만 원에 교복을 팔더라고요."

"저는 지불 의향 가격이 20만 원이긴 했지만 경호가 싸게 파는 것 같아서 경호한테 갔어요."

"저도요."

선아와 규현이가 말했다.

"그럼 세 명 모두 15만 원에 산 거네? 그럼 재연이는 얼마에 샀어?"

"저도 경호한테 가려고 했는데 창민이가 붙잡더니 교복을 더 싸게 주겠다고 하더라고요. 그래서 14만 원에 샀어요."

"너희 약속을 그렇게 안 지키기야? 20만 원에 팔기로 했잖아!"

시현이가 경호와 창민이를 노려보며 말했다.

"난 처음에 지키려고 했어. 저놈이 이상한 짓을 하길래……."

"그걸 말이라고!"

"세 업체가 싸우네! 이거 원래 이렇게 되기 마련이야. 여러분은 지금 '카르텔(cartel)'의 붕괴를 보고 있습니다!"

나 선생이 세 아이들을 말리면서 말했다.

"카르텔이요?"

시현이가 물었다.

"응, 이렇게 한 시장에 기업이 몇 안 되는 경우를 '과점'이라고 하는데, 과점 기업들끼리 가격과 생산량 등을 정하는 걸 '담합'이라고 해. 세 업체가 약속했던 게 바로 담합이지. 가격, 생산량 등에 대해 협정을 맺어서 형성된 독점 형태의 기업 연합을 카르텔이라고 불러. 보통 이윤을 최대로 얻기 위한 가격을 정하기 때문에 공급자가 많은 시장에 비해서 가격이 높게 설정돼. 업체가 적으니 당연히 공급량도 적고. 근데 담합이 지켜지는 게 쉬운 일은 아닌 것 같지 않아?"

"담합을 유지하는 게 서로에게 좋은 것 아닌가?"

시현이의 반응에 규현이가 언성을 높이며 말했다.

"야, 자기들끼리 짜고 가격을 높이는 게 뭐가 좋은 거냐? 소비자를 우롱하는 거지!"

"아니, 기업 입장에선 그렇단 거지. 누가 뭐 그게 좋은 거랬냐?"

시현이가 받아쳤다.

"그런데 기업들이 담합 약속을 지키는 게 말처럼 쉽지 않아. 시현이는 20만 원에 팔자는 약속을 지켰는데, 경호와 창민이는 안 지킨 걸 보면 알 수 있어. 게다가 교복을 각각 한 벌씩 만들기로 했는데 경호는 두 벌을 더 만든 셈이고! 약속을 지킨 시현이만 5만 원을 들여 만든 교복을 못 팔고 손해 본 셈이지."

나 선생이 말했다.

"전 제가 약속을 안 지켜도 다른 기업들은 약속을 지킬 거라 생각했어요. 여하튼 저의 선택은 탁월했어요. 좀 더 싸게 팔았더니 소비자가 몰려서 큰 이익을 얻었죠!"

"저는 경호가 약속을 안 지키는 것 같은데 가만히 있으면 저만 손해 볼 것 같아서 약속을 깨고 싸게 팔았어요."

경호의 말에 창민이도 질세라 말을 덧붙였다.

"결국 다른 기업이 약속을 지킨다고 생각하든, 그렇지 않다고 생각하든 약속을 안 지키는 게 유리한데?"

"그럼 담합은 깨지기 마련인 거고!"

선아와 재연이가 말했다.

"야, 같이 약속을 지켜야 서로에게 좋잖아! 그걸 생각해야지!"

규현이가 말했다.

"그런데 선생님, 담합은 깨지기 마련이라고 하셨고 진짜 저희 실험에서도 그랬는데요. 실제로 저희가 교복을 살 때 보면 교복 업체들이 내세운 가격이 거의 비슷했어요. 겨울용 교복은 40만 원에 가까웠거든요! 저희 엄마가 너무 비싸다며 다른 교복 판매점을 두 군데나 갔는데 가격은 거의 비슷하더라고요."

"맞아요. 저희 엄마도 너무 비싸다고 얘기한 기억이 나요."

"저도요."

재준이의 얘기에 시현이와 규현이도 공감했다.

"우리가 실험했던 두 번째 교복 시장은 한 번 하고 끝나는 거였잖아. 현실에서는 한 번으로 끝나는 게 아니고 계속되지. 세 업체가 담합을 했는데 한 업체가 약속을 안 지키면 그 업체에 대한 보복이 있을 수 있고. 가격 경쟁을 해서 서로 가격을 내리면 결국 자신들에게 손해인 걸 아니까 잘 지킬 수도 있지. 실제로 교복업체들의 담합이 문제된 적이 있어! 과점 기업들이 담합을 하면 소비자에게 피해가 가니까 나라에서 법으로 금하고 있거든."

담합이 불법이란 나 선생의 말에 규현이가 말했다.

"그럼, 그래야지. 그래야 약속을 지키지!"

"맞아요. 교복값이 정말 부담되거든요."

재연이도 덧붙였다.

"담합 행위를 불법으로 정하고 있지만 적발하는 게 쉽지 않아. 담합하는 기업들은 정부 단속에 걸리지 않으려고 은밀하고 교묘한 방법을 고안해 내거든!"

"역시! 돈을 벌려면 머리를 잘 써야 돼!"

"넌 그걸 말이라고 하냐? 법을 지켜야지."

경호의 말에 규현이가 핀잔을 주었다.

"그럼 담합한 게 탄로난 경우는 없나요? 정부도 머리를 써서 잡아낼 것 같은데요?"

"있어. 공정거래위원회에서 매년 수십 건의 기업 담합을 적발해서 과징금을 물게 해."

규현이의 질문에 나 선생이 답했다.

"저 어릴 때, 라면업체들이 담합했다는 말을 들은 적 있어요!"

"맞아. 그런 적 있어."

"근데 교묘한 수법이란 게 뭐예요?"

선아가 물었다.

"음. 나도 자세히는 모르지만 담합하는 업체끼리 직접적으로 회의를 하거나 전화로 가격을 올리자고 하지는 않는대. 대신 시장 점유율이 높은 기업에서 먼저 가격을 올리는 거야. 그러면 다른 업체들이 따라서 가격을 올리는 식으로 담합을 한다고 해."

"과징금은 얼마나 부과되었어요?"

경호가 물었다.

"라면업체들이 담합했을 때, 총 1,000억 원이 넘는 과징금이 부과되었다고 해."

"대박! 정말 많네요?"

"근데 담합을 금지하면 업체들끼리 치열하게 가격 경쟁을 벌이지 않을까요? 저희가 그랬던 것처럼요."

"창민이 생각처럼 업체들끼리 그럴 수도 있지. 하지만 기업들도 가격 경쟁을 하면 서로 좋을 게 없다는 걸 알아서 그렇게 되는 경우는 많지 않은 듯해. 그럼 오늘 수업은 여기서 마무리하자!"

수학적 사고를 더해요 ⑤

* 경제 개념: 과점, 담합
* 수학 개념: 게임 이론

Q. 전략적 상황에 처해 있는 두 회사. 어떻게 하면 광고 비용을 줄일 수 있을까요?

우리는 어떤 결정을 하기 전에 다른 사람의 행동을 고려해야 할 때가 종종 있습니다. 자신에게 발생하는 이익이 자신뿐만 아니라 다른 사람에 의해서도 영향을 받을 때, '전략적 상황에 처해 있다'라고 표현합니다. 이러한 전략적 상황에서 의사 결정이 어떻게 이루어지는지를 분석한 이론을 '게임 이론'이라고 해요. 게임 이론은 경제학의 한 영역이면서 응용수학의 한 영역이기도 하고 정치학, 생물학(진화론), 철학 등 다양한 분야에서 활용됩니다. 그럼 전략적 상황에 처해 있는 다음 두 회사의 의사 결정을 게임 이론을 통해 분석해 봅시다.

별별나라에서 스마트폰을 만드는 회사는 A사와 B사, 단 두 곳입니다. 두 회사는 치열하게 경쟁하면서 제품을 출시하고 신제품에 대한 광고도 경쟁적으로 많이 해요. 가령 A사가 B사 보다 광고를 많이 하면 A사 제품이 잘 팔리고, 반대 경우도 마찬가지입니다.

하지만 두 회사가 동시에 광고를 하면 광고 비용이 많이 들어가는 데 비해 효과가 없어요. 그래서 두 회사는 함께 광고를 적게 하자고 약속을 했습니다.

두 회사가 함께 약속을 지켜 광고를 적게 하면 80억 원씩 이득이 생겨요.

하지만 두 회사 모두 약속을 어기고 광고를 많이 하면 40억 원씩 이득이 생깁니다. 만약 한쪽은 약속을 지켰는데 다른 한쪽이 약속을 지키지 않으면

지킨 쪽은 10억 원, 어긴 쪽은 100억 원의 이득이 생깁니다.

광고 유무에 따른 각 사의 이득

		B사	
		약속 지키기 (광고 적게 하기)	약속 지키지 않기 (광고 많이 하기)
A사	약속 지키기 (광고 적게 하기)	80억 원, 80억 원	10억 원, 100억 원
	약속 지키지 않기 (광고 많이 하기)	100억 원, 10억 원	40억 원, 40억 원

자, 그럼 A사 입장에서 어떤 행동을 하는 게 유리한지 찾아볼까요? 단, 상대의 전략이 정해져 있다고 가정합시다. 이에 대해 자신에게 가장 유리한 전략을 '최적 대응'이라고 하는데, 곰곰이 생각해 보고 위의 표에 A사의 최적 대응을 ○, B사의 최적 대응을 △로 표시해 보세요.

먼저 B사가 약속을 지킨다고 가정하고 A사의 최적 대응을 찾아봅시다. 약속을 지키면 80억 원의 이득을 얻고, 지키지 않으면 100억 원의 이득을 얻으니 약속을 지키지 않고 광고를 하는 게 유리해요.

이번엔 B사가 약속을 어긴다고 생각해 봐요. B사는 약속을 어겼는데 A사가 약속을 지켜 광고를 적게 하면 A사는 10억 원의 이득을 보고, 두 회사 모두 약속을 어겨 광고를 많이 하면 각각 40억 원의 이득을 얻어요. 이 경우도 약속을 어기는 게 유리합니다. B사 입장에서 살펴봐도 똑같아요.

162쪽 표를 보면 두 회사의 최적 대응끼리 만난 곳이 있죠? 이렇게 최적 대응끼리 만난 지점을 '내시 균형'[12]이라고 부릅니다. A사, B사 모두 약속을 지키지 않는 게 유일한 내시 균형이군요. 두 회사 모두 상대가 약속을 지키든, 지키지 않든 자신은 약속을 어겨 상대가 이득을 볼 수 없게 하는게 최적의 선택인 거죠. 사실 둘 다 약속을 지키고 광고를 적게 해서 80억 원씩 이득을 얻는 게 좋은데 말이에요.

실험경제반에서 교복업체끼리 담합을 했지만 잘 지켜지지 않았던 것도 마찬가지로 분석해 볼 수 있어요. 우리도 생활 속에서 이러한 전략적 상황을 마주하게 될 때가 상당히 많아요. 가까이에 있는 두 백화점에서 세일 기간을 정하거나 할인율을 얼마나 적용할지 등을 결정할 때도 상대방의 전략을 고려해야 하지요. 바둑이나 체스를 둘 때에도 내가 둔 한 수가 좋은 수가 될지, 나쁜 수가 될지는 상대방의 다음 수에 달려 있는 경우가 많고요.

전략적 상황에서 상대의 행동이 이미 정해졌다고 생각하고 내가 어떤 행동을 하는 게 유리한지 예측해 보세요! 다만 내시 균형이 하나만 있으면 행동을 예측하기 쉽지만 경우에 따라 내시 균형이 여러 개 존재하기도 해요. 이런 때는 과거의 경험과 선택을 통해 쌓인 데이터들이 행동에 영향을 주기도 합니다.

우리의 실생활에서 활용할 수 있는 게임 이론, 정말 매력 있지 않나요?

원조 떡볶이 가격이 500원 더 비싼 이유

독점적 경쟁 시장과 완전 경쟁 시장의 차이

"우리 오늘은 좀 멀리 가서 점심을 먹을까? 신당동 어때? 거기 떡볶이 거리가 있거든! 즉석 떡볶이 거리!"

"좋아요! 떡볶이 거리라면 맛있는 집을 고르기가 쉽겠네요!"

나 선생의 제의에 다 함께 버스를 타고 신당동으로 향했다.

"와, 여기 정말 떡볶이 가게가 많네요!"

"어디가 맛집이지? '원조'라고 붙인 집이 왜 이리 많아요?"

창민이와 경호가 물었다.

"그러게. 하지만 난 진짜 원조가 어딘 줄 알지롱!"

나 선생은 한 가게로 들어서며 떡볶이를 주문했다.

독점적 경쟁 시장,
상품 차별화는 공급자에 가격 결정력을 부여한다

보글보글 익어가는 떡볶이를 보며 나 선생이 말했다.

"여기가 진짜 신당동 즉석 떡볶이 원조집이야. 근데 가격이 다른 가게들보다 조금 더 비싸. 한 500원쯤?"

"다 똑같은 떡볶이 아니에요?"

"사과 시장 실험에서 배운 것처럼 균형 가격이 결정되면 그에 따라야 되는 거 아닌가요? 이건 과점 시장도 아니잖아요? 저렇게 많은 가게들이 있는데."

재준이와 규현이가 차례로 물었다.

"사과 시장 실험할 때, 똑같은 품질을 생산하는 수많은 공급자와 수요자가 있는 시장이라고 했던 거 기억해?"

"아, 그랬죠. 똑같은 품질이라고."

재연이가 메모를 꺼내 보며 답했다.

"그럴 때 보이지 않는 손에 의해 시장에서 가격이 결정되면 수요자든 공급자든 가격에 영향을 미칠 수 없어. 그런데 이 가게의 떡볶이 양념은 다른 가게들과는 달라! 그게 포인트야."

"아, 품질이 다르면 손님을 더 끌 수 있으니까요?"

경호가 눈을 반짝이며 말했다.

"그렇지. 만약 똑같은 품질의 상품을 생산하는 공급자가 무수히 많은데, 한 공급자가 균형 가격보다 더 높게 가격을 책정하면 수요자를 다 뺏기겠지? 하지만 떡볶이 가게처럼 자신만의 기술이나 노하우로 차별화할 수 있으면 가격에 조금은 영향력을 행사할 수 있는 거야."

"와, 시장의 종류가 다양하네요."

재연이가 놀라워하며 말했다.

"사과 시장 실험할 때 가정했던 것처럼 똑같은 품질을 생산하

는 수많은 공급자와 수요자가 있는 시장을 '완전 경쟁 시장'이라고 해. 여기 즉석 떡볶이 시장처럼 공급자가 많지만 조금씩 상품에 차별화가 되어 있는 시장을 '독점적 경쟁 시장'이라고 하고."

"그럼 공급자가 상품 가격에 영향력을 미칠 수 있는 정도는 '독점 〉 과점 〉 독점적 경쟁 〉 완전 경쟁' 시장 순서가 되겠네요?"

재연이가 수첩에 메모하면서 말했다.

수요 독점,
수요자가 가격 결정력을 가진다

"독점이 공급자의 가격 결정력이 가장 큰 건 맞아. 하지만 과점의 경우엔 기업들이 서로 경쟁할 수도 있고, 함께 행동하기도 하니까 상황에 따라 달라져. 그리고 한 가지 더! 꼭 공급자만 독점하는 건 아니야."

"네? 수요자가 독점하는 경우도 있어요?"

선아가 놀란 표정으로 물었다.

"예를 들어 자동차 부품을 납품할 회사는 많은데 자동차 회사가 하나밖에 없다면 자동차 부품 시장은 수요 독점이 되는 거야."

"그럼 수요자가 가격에 영향을 미칠 수 있겠네요?"

"여기서 수요자는 부품을 사는 자동차 회사니까 자동차 회사가 부품 가격에 영향력을 행사하겠군요."

나 선생의 말에 선아와 재연이가 말했다.

"응, 그런 셈이야."

"스티브 잡스가 아이폰을 처음 내놓았을 때, 애플은 생산에서도 수요에서도 독점이었겠어요. 스마트폰을 사려면 아이폰을 살 수밖에 없고, 스마트폰 부품을 생산하는 업체들도 애플밖에 납품할 곳이 없었을 테니까요. 당시에는 애플이 강력한 시장 독점력을 가졌겠어요."

재연이가 애플 사례를 적용해 정리했다.

"오늘 떡볶이 먹으러 오길 정말 잘했다. 공부가 저절로 되네?"

나 선생의 말이 끝날 즈음, 즉석 떡볶이가 딱 먹기 좋게 익어 있었다. 모두 동시에 젓가락을 집어 들고 먹기 시작했다.

03

왜 사람들은 나쁜 차를
선택하게 될까?

중고차 시장 실험[13]으로 배운 정보 비대칭과 역선택

"여러분, 중고차 시장에 오신 걸 환영해요!"

더운 날씨에 운동장에서 땀을 뻘뻘 흘리며 축구를 하고 교실로 들어오는 실험경제반 친구들에게 나 선생이 손을 흔들며 말했다.

"저…… 사촌 형도 함께 왔는데, 괜찮죠? 대학에서 경제학을 공부하는데 저희 수업하는 거 보고 싶대요!"

경호가 옆에 서 있는 형을 가리키며 말했다.

"물론이지. 환영해요! 우리 시원한 레모네이드 한 잔씩 마시면서 수업할까?"

"오오! 선생님, 최고! 고맙습니다!"

아이들이 음료를 받아 들고 자리에 하나둘 앉자, 나 선생이 쾌활하게 말했다.

"자, 각자 책상 위에 놓인 종이 보이지? 오늘 실험할 중고차 시장에서의 역할이 적혀 있어."

예시1　　　　　　**중고차 시장 역할 정보**

첫 번째 시장: 중고차 딜러(중개인)

이익 = (중고차 한 대의 평균 시장 가치×구매한 자동차 수)

　　　　− 중고차 구매에 지출한 금액

두 번째 시장: 나쁜 중고차 주인

이익 = 판매 가격

예시2　　　　　　**중고차 시장 역할 정보**

첫 번째 시장: 좋은 중고차 주인

이익 = 판매 가격−1,600만 원

두 번째 시장: 나쁜 중고차 주인

이익 = 판매 가격

"레몬 중고차 시장의 상큼 매니저 인사드립니다. 오늘 여러분은 중고차 주인이 되어 자신의 중고차를 팔거나, 중고차 딜러가 되어 중고차를 사러 여기 온 거예요."

"딜러요?"

시현이가 물었다.

"응. 딜러는 다른 소비자에게 중고차를 재판매해서 차익을 남길 목적으로 중고차를 사는 사람이야. 여기선 중고차 주인한테 차를 사는 구매자인 셈이지. 자신의 역할이 구매자인지 판매자인지 확인해 보자!"

나 선생의 말에 아이들은 모두 받은 종이를 들여다보며 자신의 역할을 확인했다.

"중고차 주인이라면 자신의 차가 좋은 차인지 나쁜 차인지 적혀 있을 거야. 그런데 이 정보는 쉿! 절대 비밀이야! 나쁜 차 주인도 좋은 차인 척하고 팔면 돼!"

"사기 치라는 거네요?"

경호의 말에 창민이가 받아쳤다.

"야, 사기랄 게 있냐? 그냥 말을 안 하는 것뿐이잖아?"

"얘들아, 이렇게 생각하면 어떨까? 사람들은 자신에게 유리한 정보는 쉽게 주지만 불리한 건 숨기려는 경향이 있다고 해. 타던 차를 판다고 하면 아무래도 차 주인인 내가 차를 구매하려는 쪽

보다 차 상태에 대해 더 잘 알고 있지만 구매자는 '20××년식 소○○' 같은 기본 정보만 알 수 있을 거야. 이번 실험에서는 중고차들의 외관 상태만으로는 좋은 차인지 나쁜 차인지 구분할 수 없으니, 나쁜 차의 주인은 굳이 자신의 차 상태를 밝히고 싶지 않은 거야."

나 선생의 말에 경호와 창민이가 고개를 끄덕였다.

"자, 우리 레몬 중고차 시장에서 좋은 차 주인은 적어도 1,600만 원은 받아야 팔 의향이 있어. 1,600만 원보다 낮은 가격으로 파느니 내가 더 타겠다고 생각하는 거지. 나쁜 차를 가진 사람은 무조건 팔고 싶은데 안 팔리면 버린다는 생각을 하고 있어. 그리고 중고차 주인은 모두 차를 한 대만 팔 수 있어."

"딜러는 어떻게 중고차를 구매하면 될까요? 제가 딜러거든요. 앗, 말하면 안 되는 거였나?"

재연이가 자신이 딜러라는 얘기를 하고선 당황했다.

"아니, 딜러란 건 말해도 괜찮아. 딜러는 중고차를 여러 대 살 수 있어. 사고 싶은 가격을 제시하고 중고차 주인들을 만나면 돼. 물론 가격 흥정도 가능하고. 단, 여러 대를 사더라도 '한 가격으로만' 구매해야 해."

"딜러의 이익은 어떻게 계산해요?"

경호가 물었다.

"딜러는 중고차를 구매한 후, 소비자한테 되팔거야. 소비자들은 좋은 차에 대해서는 3,500만 원을 지불할 의향이 있고, 나쁜 차에 대해서는 500만 원까지 지불할 의향이 있어. 그래서 딜러의 이익은 '(중고차 한 대의 평균 시장 가치 × 구입한 중고차 수) ‒ 중고차 구매에 지출한 금액'으로 계산하면 돼!"

"네? 중고차 한 대의 평균 시장 가치가 뭐죠?"

시현이가 물었다.

"좋은 질문이야. 얘들아, 여기 레몬 중고차 시장에 중고차를 팔려고 온 차 주인이 여섯 명 있는데, 좋은 차와 나쁜 차가 반반 있다고 해 봐. 그럼 자동차의 평균적인 가치는 얼마일까?"

"좋은 차 3,500만 원과 나쁜 차 500만 원의 딱 중간이 될 테니 2,000만 원이 되겠네요!"

재준이가 말했다.

"만약 네 명의 차는 좋은 차고, 두 명의 차는 나쁜 차라고 해 보자. 그리고 여섯 대 모두 거래되었다고 해 봐. 이때 평균적인 자동차의 가치는?"

"2,500만 원!"

창민이가 손을 번쩍 들며 말했다.

"오, 창민이가 정말 계산이 빨라. 자, 우리 같이 생각해 보자. $\dfrac{(3{,}500만\ 원 \times 4대) + (500만\ 원 \times 2대)}{6대} = 2{,}500만\ 원$, 이렇게 계산한

거지? 이게 자동차 한 대의 평균 시장 가치야. 그럼 이 시장에서 딜러가 중고차 두 대를 한 대당 1,000만 원을 주고 샀다면 딜러의 이익은 얼마일까?"

"자동차 한 대의 평균 시장 가치가 2,500만 원인데 두 대를 샀으니까 5,000만 원이고, 여기서 딜러가 지불한 2,000만 원을 빼면 이익은 3,000만 원이네요!"

이번에도 창민이가 재빠르게 계산하며 말했다.

정보 비대칭, 중고차 한 대당 기대할 수 있는 가치는?

"그럼 첫 번째 중고차 시장을 시작해 볼까? 지금부터는 상큼 매니저가 말합니다. 시장을 열기 전에 알려 드릴 좋은 정보가 있어요! 첫 번째 시장엔 좋은 차 세 대와 나쁜 차 두 대가 있다네요! 그럼 거래를 시작하세요."

재연이, 규현이, 경호가 첫 번째 시장의 딜러였다.

재연이는 종이에 '2,200만 원에 삽니다'라고 적어서 들고는 교실 앞 창가 모퉁이에 자리를 잡고 섰다. 규현이는 '1,100만 원에 구매!'라고 적은 종이를 들고 교실 사물함이 있는 곳에 걸터앉았다. 또 다른 딜러인 경호는 가격을 게시하지 않고 상황을 조용히 지켜봤다. 재준이가 재연이에게 가서 가격 흥정을 시작했다.

"재연아, 내 차는 좋은 차라 소비자한테 3,500만 원에 팔 수 있을 거야. 내가 너한테 특별히 3,000만 원에 팔게. 그래도 500만 원이나 이익이야."

"전 2,200만 원 이상은 못 드려요."

"아니, 내 차 좋은 차라고. 못 믿는 거야?"

재연이가 꿈쩍도 하지 않자 재준이는 다른 딜러에게 가 버렸다. 이번에는 창민이가 재연이에게 다가와서 물었다.

"저, 제 차 사실래요?"

"그러지요. 2,200만 원에 거래하시죠."

둘은 무척 쉽게 계약을 진행했다.

잠시 후, 시끌벅적했던 거래 현장이 잠잠해지자, 나 선생은 "첫 번째 시장이 닫혔습니다!"라고 말하며 딜러들이 제출한 거래 계약서를 표에 기입해 교실 스크린에 띄워 주었다.

"아까 재준이가 재연이한테 판 거 아니었어? 언제 경호한테 팔았어?"

나 선생이 재준이를 보며 물었다.

"그게…… 마지막에 겨우 팔았어요. 처음에 재연이한테 제 차가 진짜 좋은 차라고 3,000만 원에 사라고 했는데 재연이가 그

첫 번째 시장, 중고차 구매 기록표

중고차 딜러 ___규현___

중고차 주인 (판매자)	구매 차량의 등록번호	거래 가격	구매 후 밝혀진 차 상태
선아	A2	1,100만 원	나쁜 차

중고차 딜러 ___재연___

중고차 주인 (판매자)	구매 차량의 등록번호	거래 가격	구매 후 밝혀진 차 상태
창민	AI	2,200만 원	나쁜 차
시현	FI	2,200만 원	좋은 차

중고차 딜러 ___경호___

중고차 주인 (판매자)	구매 차량의 등록번호	거래 가격	구매 후 밝혀진 차 상태
경호 형	F3	2,300만 원	좋은 차
재준	F2	2,300만 원	좋은 차

가격엔 안 산다고 하더라고요! 사실 흥정을 하려고 했는데, 처음 가격만 고집해서 맘이 좀 상했어요. 그런데 경호는 가격을 좀 더 쳐주더라고요!"

"그랬구나, 잘했어. 그럼 재연 딜러 입장도 들어볼까?"

"네, 저는 2,200만 원으로 가격을 정하고 그 이상으로는 흥정을 안 했어요. 좋은 차가 세 대, 나쁜 차가 두 대 있다고 했는데, 그 차들이 모두 거래된다고 할 때, 중고차 한 대의 평균 시장 가치를 계산해 보면 $\frac{(3,500만\ 원 \times 3대)+(500만\ 원 \times 2대)}{5대}$ = 2,300만 원이에요. 제가 차 한 대당 기대할 수 있는 가치가 2,300만 원인 셈이죠. 그래서 차 한 대당 100만 원 정도 수익을 낸다고 생각하고 가격을 2,200만 원으로 정한 거예요."

"오, 뭔가 논리적인데? 규현아, 넌 손해 보지 않았어?"

경호가 재연이의 논리에 감탄하며 규현이에게 묻자 창민이가 발끈하며 대신 말했다.

"당연히 손해지, 규현이는 500만 원밖에 못 받는 차를 1,100만 원을 주고 산 거잖아."

"그럼 재연 딜러의 이익부터 한번 따져 볼까?"

나 선생은 칠판으로 가서 재연이의 이익을 계산했다.

재연 딜러의 이익:

(3,500만 원 × 1대 + 500만 원 × 1대) – (2,200만 원 × 2대)

= –400만 원

"어머, 재연이마저도?"

"도대체 중고차 가격을 얼마로 정했어야 하는 거야? 진짜 어렵네!"

시현이와 재준이가 말했다.

"규현 딜러의 이익은 간단하네. 1,100만 원에 사서 500만 원에 팔 테니, 600만 원 손해야. 경호 딜러의 이익도 볼까? 2,300만 원에 산 차를 소비자한테 3,500만 원에 팔 수 있겠네? 한 대당 1,200만 원 이익이야. 세 명의 딜러 중에 유일하게 이익을 남겼어. 오늘도 경호는 이익 킹이네!"

경호 딜러의 이익:

(3,500만 원 × 2대) – (2,300만 원 × 2대) = 2,400만 원

"경호는 눈치 보다가 제일 높은 가격에 사 주겠다고 하면서 재연이 고객을 뺏어 갔네……."

툴툴거리는 규현이에게 선아가 말했다.

"경호의 전략이 언제나 통하진 않을 거야. 만약 경호 형 차가 나쁜 차였어 봐. 500만 원밖에 못 받는 차를 2,300만 원에 주고 사는 셈이 될 걸?"

"나는 평균적으로 기대할 수 있는 수익을 계산해서 가격을 매겼는데, 모든 중고차 주인이 나한테 팔았다면 내 전략이 맞았을 거야. 나쁜 차만 살 수도 있다는 사실을 간과했어."

재연이가 아쉬워하며 말했다.

역선택,
중고차 시장에서 좋은 차를 살 수 있을까?

잠시 후, 나 선생이 다시 상큼 매니저가 되어 두 번째 중고차 시장에 대한 정보를 전달했다.

"여러분! 상큼 매니저가 새로운 소식을 들고 왔습니다. 두 번째 시장엔 좋은 중고차 주인이 두 명, 나쁜 중고차 주인이 네 명 있답니다! 좋은 차가 줄었어요!"

"두 번째 시장에서 여러분이 어떤 역할인지 확인하세요! 이번에 딜러는 누구일까요?"

선아와 경호 형이 조용히 손을 들었다.

"자, 딜러 두 분, 행운을 빌어요. 그럼 두 번째 중고차 시장 시작합니다!"

이번엔 딜러 둘 모두 바로 중고차 가격을 게시하지 않고 머뭇거렸다. 경호 형이 종이에 뭔가를 끄적이기 시작하자 선아가 다가갔다.

"오빠, 뭐 해요?"

"중고차의 평균 시장 가치를 계산 중이야. 좋은 차가 두 대, 나쁜 차가 네 대니까, 여섯 대 모두 거래된다면 1,500만 원이네. 그래서 말이지……."

선아와 경호 형은 조용히 비밀스런 대화를 하고는 교실 가운데쯤에 가서 나란히 자리를 잡고 앉아 가격을 게시했다. 둘 다 400만 원에 중고차를 구입하겠다고 했다.

"짠 거야? 둘 다 400만 원에 산다고?"

게시된 금액을 보고 경호가 놀라 큰 소리로 말했다. 옆에서 지켜보던 재연이가 선아에게 다가가 물었다.

"선아 딜러님, 1,700만 원이면 제 차 팔게요. 아직 거래를 안 했으니 가격 조정 가능한 거죠?"

"아니요. 전 무조건 400만 원에 삽니다. 죄송하지만 가격 조정은 안 됩니다."

선아는 단호하면서도 부드럽게 거래를 거절했다. 재연이는 경호 형에게도 가서 거래를 시도했지만 같은 결과였다. 상황을 지켜보던 규현이가 선아에게 다가가 말했다.

"400."

"400!"

둘은 400이란 단어만 서로 짤막하게 주고받는 거래를 성사시켰다. 그 후 몇몇 친구들이 진지하게 대화를 하더니 거래가 완료되었다.

나 선생은 두 번째 시장의 거래 내역을 정리해 교실 스크린에 띄웠다.

두 번째 시장, 중고차 구매 기록표

중고차 딜러 _경호 형_

중고차 주인 (판매자)	구매 차량의 등록번호	거래 가격	구매 후 밝혀진 차 상태
창민	B1	400만 원	나쁜 차
재준	B2	400만 원	나쁜 차

중고차 딜러 _선아_

중고차 주인 (판매자)	구매 차량의 등록번호	거래 가격	구매 후 밝혀진 차 상태
규현	B3	400만 원	나쁜 차
시현	B4	400만 원	나쁜 차

"이번엔 나쁜 차만 거래되었네! 좋은 차 주인은 누구였어?"

나 선생의 질문에 재연이와 경호가 손을 들며 말했다.

"저희예요! 두 딜러 모두 400만 원에 산다고 하면서 흥정도 안 해 주던데요?"

웅성거리는 친구들 사이에서 경호가 말했다.

"제 차가 좋은 차인 걸 증명할 수 있고, 딜러들이 좋은 차엔 더 높은 가격을 지불할 의향이 있었다면 저도 팔 수 있었을 거예요.”

“그래, 그게 문제였지. 중고차 주인은 자신의 차에 대해 잘 아는데, 구입하려는 쪽에선 그게 정말 좋은 차인지 아닌지 판단하기가 어렵다는 것. 이런 걸 경제학에선 ‘정보 비대칭’이라고 불러. 수요자와 공급자 중 한쪽만 정보가 충분한 경우지. 딜러는 좋은 차를 구매하고 싶겠지만 좋은 차인지 나쁜 차인지에 대한 정보가 부족한 상태에서 선택하다 보니 결국 나쁜 차를 선택하게 될 가능성이 높아졌잖아? 이걸 ‘역선택(reverse selection)’이라고 해.”

나 선생의 설명을 열심히 메모하던 재연이가 덧붙였다.

“정보 비대칭 상황에선 정보가 부족한 쪽이 원치 않는 선택을 하게 될 가능성이 커지는데, 이걸 역선택이라고 한다. 이렇게 정리하면 될까요?”

흐뭇하게 고개를 끄덕이며 나 선생이 물었다.

“너희 레몬 좋아해?”

“뜬금없이 왠 레몬이에요? 시잖아요.”

창민이가 말했다.

“그래, 창민아. 레몬은 시잖아. 겉으로 보기엔 예쁘고 번지르르한데 말이야. 그래서 나쁜 차를 ‘레몬’이라고 불러. 중고차 시장은 레몬들만 많다고 ‘레몬 마켓(lemon market)’[14]이라고도 해. 정보 비대칭이 발생해 정보가 부족한 중고차 구매자들이 나쁜 차인 레몬만 선택하는 역선택이 발생하는 시장이란 의미지. 심지어 어떤 노벨상 수상자도 중고차를 사러 갔다가 '레몬'을 샀다지 뭐야."

나 선생의 말을 유심히 듣고 있던 경호가 질문했다.

"정말 중고차 시장에선 좋은 차를 구할 수 없을까요?"

"글쎄, 레몬 얘기 나온 김에 레모네이드 마시면서 조금 쉴까? 쉬면서 좋은 차를 구매할 창의적인 방법들을 고안해 보자."

04

노벨상을 두 번이나 안겨 준 레몬 마켓
신호발송과 선별로 레몬 마켓에 대처하는 법

"다들 레모네이드 맛있게 마셨지? 아까 논의하자던 게……."

"좋은 차인지 나쁜 차인지 구별할 수 있는 방법을 생각해 보자고 하셨어요!"

선아가 말했다.

"그래, 중고차 주인은 자신의 차에 대해 잘 알지만 구매하려는 쪽에선 어떤 차인지 알 수 없는 '정보 비대칭'이 생기고, 결국 구매자는 나쁜 차를 선택할 가능성이 높은 '역선택' 상황에 놓이지. 그럼 정보 비대칭 상황을 해결하면 역선택 문제도 해결되지 않을까? 자신의 차가 좋은 차라는 걸 증명할 수 있으면 좋을 텐데, 어떻게 할 수 있을까?"

나 선생의 질문에 잠시 정적이 흘렀다.

신호발송과 선별,
정보 비대칭 상황을 해결하면 역선택 문제도 해결될까?

선아가 먼저 말을 꺼냈다.

"건강검진을 하듯이 자동차 점검을 받아서 보여 주면 어떨까
요? 평소 자동차를 관리하면서 언제 엔진오일을 갈고, 어떻게 관
리했는지 기록했다가 제시하는 것도 좋을 거예요."

시현이가 말을 이었다.

"제 차가 진짜 좋으면요, 구입하고 1년 동안은 고장이 났을 때
공짜로 고쳐 주겠다고 보장해 줄 것 같아요. 그럼 믿음이 가서 사
지 않겠어요?"

둘의 의견에 나 선생은 흐뭇한 미소를 지으며 말했다.

"진짜 좋은 아이디어다. '중고차 1년 보증제', '중고차 건강검
진표 제출'. 이건 정보를 많이 가진 중고차 주인 입장에서 자신의
차가 좋은 차라는 정보를 상대에게 줘서 정보 비대칭을 줄이는
방법들이지. '진짜 좋은 차'라는 신호를 보낸다는 의미에서 '신호

발송(signaling)'이라고 불러. 그냥 말로만 '내 차 진짜 좋아요'라고 하는 건 신호가 될 수 없어. 그건 나쁜 차 주인도 할 수 있는 말이니까. 어떤 사람이 입사하고 싶은 회사에 '저 정말 유능한 사람이에요'라고 말한다고 해서 유능한 사람이라는 신호가 될 수 없는 것처럼."

"그래서 학위나 자격증, 성적 증명서 등을 이력서에 첨부하는 군요?"

경호의 말에 나 선생은 웃으며 답했다.

"이젠 적용도 잘하네. 학위, 자격증 같은 걸 자신이 유능한 사람이라는 신호로 회사에 보내는 거라고 볼 수 있겠다. 그렇다면 중고차를 사는 입장에서 좋은 차인지 아닌지 거를 수는 없을까?"

"아니, 정보를 가진 사람이 정보를 줘야지, 어떻게 캐내……."

규현이는 말끝을 흐리더니 뭔가 떠올랐는지 다시 말을 이었다.

"자동차 점검을 요구하면 어떨까요? 당신 차가 진짜 좋은 차면 같이 차 검진을 하러 가자고 하는 거죠. 거기에 응하는 건 좋은 차일 거예요. 나쁜 차 주인은 응하지 않을 거고요."

"그러네, 그렇게 생각하면 되겠다. 점검을 요구하는 거 아주 좋은 아이디어다!"

"저도 있어요!"

재준이가 손을 번쩍 들더니 말했다.

"다 거꾸로 생각하면 되네요. 1년 동안은 차가 고장 나면 무상으로 수리해 달라고 요구하거나 차량을 관리한 기록을 요청하는 거죠."

"그것도 좋은 생각이야. 정보가 없는 쪽에서 정보를 캐내는 이런 방법을 경제학에선 '선별(screening)'이라고 불러. 나쁜 걸 걸러낸다는 의미의 선별."

"이것도 취업 시장에 적용할 수 있겠어요. 입사 시험이나 면접도 선별인 거죠? 입사 시험이나 면접을 치러서 그 회사에 적합한 사람을 찾아내는 거잖아요. 성적 증명서, 학위 등을 요구하는 것도 그렇고요."

"그렇다면 대학 입시에서 면접과 시험으로 학생들을 뽑는 것도 일종의 선별이겠군요?"

선아의 말에 창민이가 덧붙여 말했다.

"선생님, 근데 아까 노벨상 수상자도 중고차 시장에서 속았다는 얘기 하시지 않았어요? 누구예요?"

조용히 친구들의 말을 듣고 있던 시현이가 물었다.

"조지 애커로프(George Akerlof)라는 경제학자야. 중고차를 사서 기분 좋게 집으로 오는데 그만 차가 고장 났다지 뭐야."

"경제학자라면서 '선별'을 못 해냈네!"라고 말하는 창민이를 보며 나 선생이 말했다.

"좋은 차라는 중고차 주인의 말만 믿고 샀대. 근데 이런 자신의 경험을 연구해서 노벨 경제학상을 받았어! '중고차 시장에서는 왜 좋은 차를 보기 힘든가? 왜 사람들은 나쁜 차를 선택하게 되는가?'를 고민하다가. 원인은 정보 비대칭이고 정보가 부족한 쪽에서 원치 않는 선택, 즉 역선택을 하게 될 가능성이 높다는 걸 이론적으로 밝혀냈지. 그 연구 제목이 '레몬 마켓'이었어."

"사기를 당한 경험이 연구로 연결되고, 그걸로 노벨상을 받다니! 전화위복이로다!"

경호가 익살스럽게 말했다.

"조지 애커로프와 생각을 교류하곤 하던 마이클 스펜스(A. Michael Spence)라는 사람도 나중에 역선택의 해결 방안으로 신호이론(market signaling)[15]을 제시해서 노벨 경제학상을 받았대."

"아깝다. 우리도 아까 신호발송 생각해 냈잖아요! 조금만 더 일찍 태어났으면 노벨상을 받을 뻔했네요!"

"으휴, 창민이 못 말려요!"

"그래, 우리 똑똑한 실험경제반 친구들 중에서 노벨상 받는 사람이 나올 것 같네. 화이팅! 오늘 수업 끝!"

 수학적 사고를 더해요 ⑥

* 경제 개념: 정보 비대칭, 역선택

* 수학 개념: 확률, 기댓값

Q1. **중고차를 100번 거래했을 때 좋은 차가 나올 경우가 35번, 나쁜 차가 나올 경우가 65번인 시장에서 중고차 한 대를 구매한다면 그 차에 평균적으로 기대할 수 있는 가치는 어떻게 구할까요?**(이 중고차 시장에서도 좋은 차는 3,500만 원, 나쁜 차는 500만 원의 가치가 있다고 가정할게요.)

어떤 결정을 할 때 그로 인해서 내가 평균적으로 기대할 수 있는 가치를 수학에서는 '기댓값'이라고 해요. 중고차를 구매할 때 그 차가 언제나 좋은 차라면 좋은 차의 가치만큼이 기댓값이 될 거예요. 그런데 좋은 차를 사게 될 경우와 나쁜 차를 사게 될 경우가 반반이라면 어떨까요? '좋은 차의 가치와 나쁜 차의 가치 중간 정도'가 평균적으로 기대할 수 있는 가치, 즉 기댓값이 될 거예요.

어떤 사건이 전체 사건 중에서 발생할 경우의 수를 '확률'이라고 합니다. 전체 사건이 100번 일어났을 때, 특정 사건이 50번 발생했다면 $\frac{50}{100}$, 즉 $\frac{1}{2}$의 확률이라고 하죠. 그런데 매번 분수를 하기 귀찮으니, '100번 중 50번'이면 '50퍼센트(%)'라고 하자고 약속했어요. 이렇게 확률은 분수로 표현할 수도 있고, 퍼센트로 표현할 수도 있습니다.

그럼 질문의 상황처럼 좋은 차가 나올 경우가 35퍼센트, 나쁜 차가 나올 확률이 65퍼센트인 중고차 시장에서 차 한 대에 평균적으로 기대할 수 있는 가치인 기댓값을 계산해 볼게요.

어떤 사건에 대한 기댓값

= 사건이 일어났을 때 가치 × 사건이 발생할 확률

$$\left(3{,}500만\ 원 \times \frac{35}{100}\right) + \left(500만\ 원 \times \frac{65}{100}\right) = 1{,}550만\ 원$$

좋은 차의 가치 　좋은 차일 확률 　나쁜 차의 가치 　나쁜 차일 확률

이런 게 어디에 필요하냐고요? 다음 상황에 적용해 보세요.

Q2. 차를 운전하다 화장실이 너무 급해서 불법 주차를 하고 잠시 화장실에 다녀오려고 합니다. 비용인 과태료에 대한 기댓값과 편익인 화장실을 다녀와서의 만족감을 비교해 볼까요?

주차위반 과태료는 4만 원이고, 주차 단속을 자주 하는 곳은 아니어서 과태료를 물 확률은 10퍼센트라고 해 볼게요.

$$과태료에 대한 기댓값 = -40,000원 \times \frac{10}{100} = -4,000원$$

과태료는 손실이니까 (−)로 표시했어요. 만약 화장실에 다녀온 만족감이 4,000원보다 높다면 과태료를 물더라도 급한 불부터 해결하는 게 더 나은 결정이겠죠? 저처럼 생각하는 사람이 많아서 불법 주차가 늘었고, 민원이 발생했다고 해 보죠. 구청에서는 불법 주차를 막고 싶어요. 이럴 땐 과태료를 높이거나 적발 비율을 높여서 주차위반 시 과태료에 대한 기댓값의 절대값이 커지게 만들면 불법 주차를 줄일 수 있을 거예요.

Q3. 5,000원을 내고 0.1퍼센트 확률로 200만 원을 얻을 수 있는 복권을 사는 게 합리적일까요?

복권 한 장을 사서 평균적으로 기대할 수 있는 가치, 즉 기댓값은 얼마인지 구해 볼게요.

$$200만 원 \times \frac{1}{1,000} = 2,000원$$

복권 한 장의 가격이 5,000원인데 기댓값은 2,000원이니 사지 않는 게 합리적이겠네요.

얼마 전에 저는 실손의료보험에 가입하려다 포기했습니다. 보험에 가입하려면 굉장히 높은 보험료를 내야 했죠.

보험사에서도 보험에 가입하려는 사람에게 지급하게 되리라 예상되는 보험금, 즉 기댓값을 따져서 보험료를 책정해요. 최근에 병원에 자주 다녔는데, 제 의료 기록을 확인한 보험사가 확률적으로 보험금을 많이 지급해야 한다고 판단했을 겁니다. 가입을 거절당한 제 입장에선 그리 유쾌한 경험은 아니었지만 '아, 보험사에서 선별을 통해 역선택을 막았구나'라고 생각했어요. 여러분도 생활 속에서 확률과 기댓값을 따져서 합리적 선택을 해 보세요. 정보 비대칭 상황도 찾아보고요!

05

경쟁에서 이겼는데 불행하다고?!

유리병 속 클립 경매로 알아보는 승자의 불행

나 선생은 알록달록한 여러 색의 클립이 든 유리병을 들어 보이며 말했다.

"이 병에는 클립이 몇 개나 들어 있을까?"

"글쎄요, 꺼내서 세어 볼까요?"

재준이가 말했다.

"아니, 오늘은 이걸로 수업할 거야. 너희들에게 이 유리병을 경매로 팔 건데, 이번 경매 방식은 조금 달라. 각자 원하는 금액을 써서 내는 '입찰식' 경매야. 유리병에 들어 있는 클립 하나당 100원이라고 치고, 이 유리병을 얼마에 사고 싶은지 각자 적어 내는 거지. 가장 높은 금액을 적어 낸 사람이 이 유리병을 살 수 있어. 낙찰받은 사람은 자신이 적은 금액을 내게 주고, 나는 '실제 유리병 속에 들어 있는 클립 수×100원' 만큼의 금액을 줄 거야."

"진짜 돈으로 준다고요?"

"만약 2만 원이라고 적은 사람에게 낙찰됐는데, 실제로 유리병에 든 클립이 70개면 어떡해요?"

"그럼 낙찰받은 사람은 나에게 2만 원을 내고, 나는 그 사람에게 7,000원을 주는 거지."

"그럼 무작정 높은 금액을 적으면 낭패겠어요! 병에 클립이 얼마나 들었는지 잘 살펴봐야겠네요."

"클립을 꺼내서 세어 볼 수는 없고 밖에서 관찰만 할 수 있어. 다들 잘 관찰해 보고 입찰 용지에 이름과 입찰가를 적어서 줘."

모두 앞으로 나와서 유리병 속 클립 수를 어림하기 시작했다. 한참을 둘러보더니 진짜 입찰하는 사람들처럼 신중하게 입찰가를 적었다.

잠시 후, 입찰 용지를 모두 받아 든 나 선생은 교탁을 손으로 두드리며 말했다.

"자, 누구에게 낙찰될지 확인해 보죠. 남시현 씨! 남시현 씨가

8,000원, 최고가를 적으셨네요. 유리병은 남시현 씨에게 낙찰되었습니다! 땅땅땅."

"와! 이번엔 시현이 당첨이네! 너 공돈 생겼다?"

아이들은 시현이에게 부러움이 섞인 축하 인사를 건넸다.

승자의 불행,
승자가 언제나 좋은 건 아니야!

"그럼 클립이 얼마나 들었는지 확인해 볼까?"

나 선생이 유리병을 집어 들며 말했다.

"속임수가 있으면 안 되니까, 저희가 셀게요!"

경호와 창민이는 유리병을 열어 클립을 교탁에 쏟았다. 모두 눈을 동그랗게 뜨고 클립을 세는 걸 지켜봤다.

"서른여덟 개요!"

경호가 외쳤다.

"서른여덟 개면 3,800원이네. 그럼 시현이에게 먼저 8,000원을 받은 다음에 3,800원을 주면 되겠다. 시현아, 돈은 준비됐지?"

나 선생은 능청스럽게 말하며 시현이에게 손을 내밀었다. 시현이는 뭔가 속은 듯 찜찜하단 표정으로 지갑에서 돈을 꺼냈다. 그

순간, 나 선생이 시현이 손을 막으며 말했다.

"아니야! 시현아. 선생이 학생 돈 뺏는다고 소문날라."

"아유, 선생님! 그래도 약속이니까 받으셔야죠!"

아이들이 돈을 받아야 한다며 목소리를 높이자 나 선생이 말을 이었다.

"'승자의 불행'이 이런 거란다!"

"승자의 불행이요?"

"그러네, 시현이가 승자인데 왕 손해야! 승자의 불행이 맞네."

선아와 재연이가 말했다.

"그래, 시현이가 승자인데 클립 수를 확인해 보니 오히려 손해 였잖아? 이런 일이 실제로도 일어나. 예전에 일산 호수공원에 있

는 일곱 평짜리 작은 매점을 1년 동안 운영하는 권리를 경매로 판 적이 있어. 근데 그게 8억 6,000만 원에 낙찰되었다지 뭐니."

"진짜요? 1년 매출이 얼마나 되길래요?"

모두 놀란 표정이었다.

"유리병 속 클립을 꺼내 세어 볼 수 없었던 것처럼 호수공원 매점의 1년 매출도 확실히 알 수 없었어."

낙관적으로 높게 평가하면
손해 볼 확률도 높아진다

"왜 이런 일이 생길까? 외국에선 어느 땅의 석유 시출권을 경매에 부치기도 하는데, 이때도 마찬가지로 그 땅에서 석유를 얼마나 채취할 수 있는지 아무도 알지 못해. 정확한 생산량을 모르는 상태에서 나름대로 가치를 추정해서 입찰하는 거고."

"그렇다면 그 땅의 실제 가치는 여러 사람들이 생각하는 가치의 평균 정도가 될 가능성이 높겠어요! 근데 그 땅의 가치를 가장 높게 평가한 사람에게 낙찰이 되니까 승자의 불행이 생길 수도 있겠네요."

재연이가 열심히 메모하면서 말했다.

"재연이가 아주 잘 파악했어. 그럼 너희들이 유리병을 사기 위해 적어 낸 가치의 평균이 얼마인지도 확인해 볼까?"

나 선생은 입찰 용지를 하나씩 살피며 칠판에 적었다.

"2,000원, 5,000원, 1,000원, 8,000원, 3,000원, 2,000원, 4,000원, 평균을 내 보면……."

$$\frac{2{,}000+5{,}000+1{,}000+8{,}000+3{,}000+2{,}000+4{,}000}{7}=3{,}571.4$$

"우와, 정말 3,800원과 가깝네요. 재연이 말이 맞네. 실제론 사람들이 생각한 평균적인 가치일 가능성이 높은데, 그 가치를 가장 높게 평가한 사람한테 낙찰되니 승자의 불행이 생긴다!"

이번에는 재준이가 수업 내용을 정리했다.

"잘 정리했네? 너희들은 원하는 것의 평균 가치를 잘 판단해서 '승자의 불행'을 피해가길 바랄게! 그럼 오늘 수업은 여기서 끝!"

보이지 않는 손이 작동하지 않는 경우는?

1) 독과점 기업은 '시장 지배력'을 가진다

경제학자 애덤 스미스(Adam Smith)는 시장에서 균형 가격이 어떻게 결정되는지 설명했습니다. '모든 사람은 독립적이고 모든 정보가 완벽하게 주어져서 자신의 이익을 극대화하는 결정을 한다'고 가정하고 있어요. 또한 완전히 동일한 상품을 공급하는 사람과 그 상품을 사고자 하는 사람이 무수히 많은 시장을 전제로 하고요. 이런 시장을 완전 경쟁 시장이라고 하는데, 여기서는 수요자든 공급자든 시장에서 형성된 균형 가격을 받아들일 뿐 가격 결정에 영향을 미치지 못합니다. 완전 경쟁 시장이라는 전제가 깨지면 보이지 않는 손이 충분히 작동하지 않습니다. 대표적인 예로, 독과점 시장이 있어요. 여러분이 자주 이용하는 학교 매점을 떠올려 봐요. 매점에서 과자를 사면 학교 밖에서 살 때보다 비싸지 않나요? 하교 전까지 편의점이나 마트에 갈 수 없으니 조금 비싸도 매장을 이용할 수밖에 없지요. 이때 매점은 독점 공급자라고 할 수 있고, 매점 사장님은 가격 결정력을 가져요.

공급자가 하나인 독점 시장은 찾아보기 힘들어요. 이보다는 공급자가 소수인 과점 시장이 좀 더 흔합니다. 주유소를 떠올리면 생각나는 몇몇 회사가 있죠? 이런 경우가 과점이에요. 과점 기업도 가격과 공급량에 영향력을

행사합니다. 이런 걸 시장 지배력이라고 표현해요. 공급자는 많지만 제품을 차별화해서 시장 지배력을 행사할 수 있는 독점적 경쟁 시장도 있습니다. 음식점들이 대체로 독점적 경쟁 기업에 속해요.

그리고 수요 독과점도 있습니다. 삼성전자, LG전자 등은 부품업체에서 부품을 공급받는데, 이들처럼 큰 기업에 부품을 공급하고 싶어 하는 업체가 많아요. 이때는 삼성전자와 LG전자가 부품 수요자로서 가격 결정에 영향력을 행사합니다. 거래하던 부품업체에서 가격을 올리려 하면 다른 업체에서 사겠다고 할 수 있을 테니까요.

시장 지배력이 있는 공급자들은 대체로 가격을 높게, 공급량은 적게 유지해서 이윤을 많이 얻고 싶어 합니다. 그래서 담합이 일어나기도 하는데, 이런 경우 소비자들이 피해를 볼 수 있어 법률로써 담합을 금지하고 있습니다. 기업들은 혁신적인 제품을 개발해 이윤을 높이려고 노력하지요.

경제 용어

- **독점 시장**: 특정 상품이 하나의 기업에 의해서만 공급되는 시장
- **과점 시장**: 특정 상품이 소수의 기업에 의해서만 공급되는 시장
- **담합**: 과점 기업들의 가격이나 생산량 등에 대해 이루어지는 합의
- **독점적 경쟁 시장**: 특정 상품을 공급하는 기업이 많은데, 상품의 품질이 조금씩 다른 시장
- **수요 독점**: 공급자는 많지만 수요자가 하나인 경우
- **시장 지배력**: 가격이나 거래량에 영향을 미칠 수 있는 공급자와 수요자의 힘

2) 정보 비대칭 상황에선 역선택이 발생한다

중고차 시장 실험의 경우, 파는 쪽에서는 차에 대한 정보가 많은 반면, 사고자 하는 쪽에서는 정보가 부족했어요. 이렇게 수요자 혹은 공급자 중 한쪽이 더 많은 정보를 가지고 있는 걸 정보 비대칭이라고 합니다. 정보 비대칭이 발생하면 정보가 부족한 쪽에서 원치 않는 선택을 하게 될 가능성이 높은데, 이를 역선택이라고 합니다. 중고차를 사려는 사람은 좋은 차일지 나쁜 차일지, 두 가능성을 모두 염두에 두고 기댓값을 계산해서 가격을 지불하려 하고, 이때 좋은 차 주인은 가격이 낮다고 판단해 차를 팔지 않게 됩니다. 결국 원치 않는 나쁜 차를 구매하는 역선택이 일어나는 것이지요. 신호발송과 선별을 통해 정보 비대칭을 줄이면 역선택을 피할 수 있습니다.

경제 용어

- **정보 비대칭:** 수요자나 공급자 중 한 쪽의 정보가 부족한 경우
- **역선택:** 정보 비대칭 상황에서 정보가 부족한 쪽이 원치 않는 선택을 하게 되는 상황
- **신호발송:** 정보 비대칭 상황에서 정보가 많은 쪽이 정보를 제공하는 것
- **선별:** 정보 비대칭 상황에서 정보가 부족한 쪽이 상대의 정보를 알아내는 것

3) 승자의 불행은 정보가 불충분할 때 생긴다

실험경제반 친구들이 그림 경매를 했을 때, 자신이 느끼는 가치까지 가격을 지불하고자 했어요. 남들이 얼마의 가치를 느끼는지는 중요하지 않았고, 자신이 느끼는 가치보다 가격이 낮거나 같으면 충분히 만족할 수 있었어요. 그런데 유리병 속 클립을 하나에 100원으로 정했던 것처럼 실제 가치가 정해져 있는 것이 경매로 판매되기도 해요. 누구도 그 가치가 얼마인지 모르는 상황에서 경매에 붙여지기 때문에 낙찰받은 사람이 손해를 볼 가능성이 큰데, 이를 승자의 불행이라 부릅니다.

예를 들어 광물 자원이 매장되어 있다고 추정되는 국가 소유의 야산이 있는데, 입찰을 통해 가장 높은 가격을 써 낸 사람한테 낙찰한다고 해 봐요. 야산을 낙찰 받은 사람은 승리의 미소를 짓겠지만 실제로 불행한 처지가 될 가능성이 큽니다. 아무도 그 야산의 실제 가치를 모르니, 경매에 참여한 사람들 모두 가치를 추정해서 입찰 금액을 적겠지요. 어떤 사람은 가치를 실제보다 높게 평가하고, 어떤 사람들은 더 낮게 평가할 거예요. 확률적으로 그 야산의 실제 가치는 사람들이 평가한 평균치에 가까울 가능성이 높습니다. 경매에서 낙찰받은 승자는 야산의 실제 가치를 매우 낙관적으로 평가한 사람일 것이고, 결과적으로 손해를 볼 가능성이 커요.

제4장

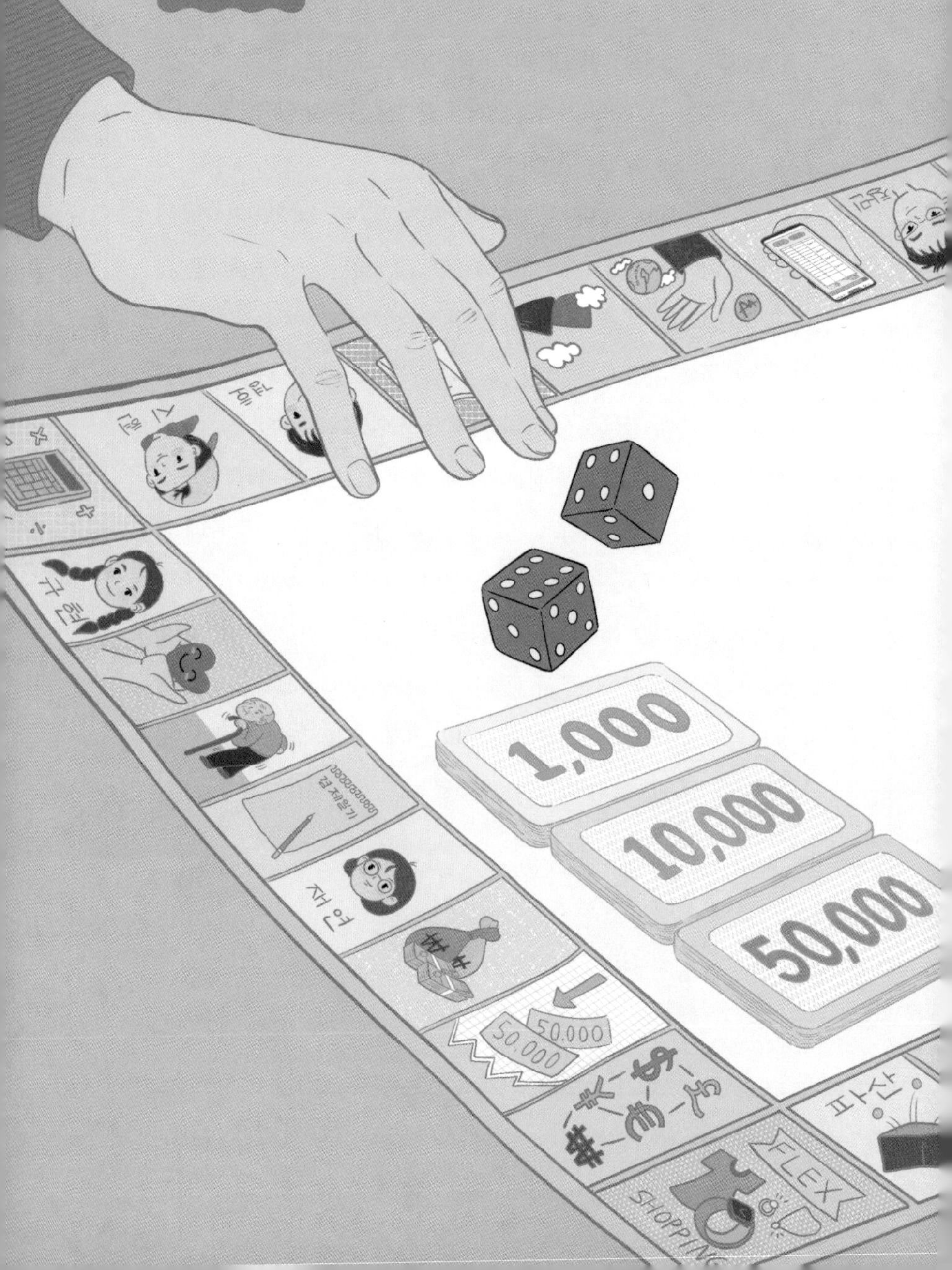

돈 관리의 경제학:

슬기로운 금융 생활을 위한
똑똑한 경제 습관

01

들어오고 나가는 돈의 흐름을 살피자

인앤아웃 게임[16]을 통해 살펴보는

현명한 수입·지출 관리법

"얘들아, 오늘은 자리에서 일어나서 재밌는 게임을 해 보자!"

나 선생은 큰 훌라후프를 교실 한가운데 내려놓더니 손뼉을 치며 말했다.

"모두 훌라후프 옆에 두 줄로 서 볼까?"

나 선생의 말에 실험경제반 친구들은 어리둥절해 하며 줄을 섰다.

"자, 지금부터 너희는 모두 돈이 된 거야! 한 사람당 200만 원으로 정하자. 이 훌라후프는 내 통장이야. 그럼 맨 앞에 있는 재연이와 시현이 먼저 통장으로 들어가 볼까?"

나 선생이 재연이와 시현이를 잡아끌어 홀라후프로 넣었다.

"통장에 월급 400만 원이 들어왔어요. 그런데 제가 이번 달에 커피, 옷, 식사, 홈쇼핑, 집 월세 등으로 400만 원을 다 썼지 뭐예요."

나 선생은 재연이와 시현이를 홀라후프 밖으로 나오게 했다.

"통장에 들어왔던 400만 원은 불과 10초 만에 신용카드 대금으로 빠져나갔습니다!"

나 선생은 슬픈 표정으로 텅 빈 홀라후프를 바라보며 말했다.

"다시 월급날입니다! 이제 경호와 창민이가 들어갑니다."

경호와 창민이는 킥킥대며 홀라후프 안으로 들어갔다.

"와! 제 통장에 400만 원이 들어왔네요! 그런데 제가 24개월 할부로 자동차를 샀지 뭡니까. 매월 250만 원이 할부금으로 나가요. 집 월세도 100만 원이나 내야 하는데 이번 달에 외식을 자주 했더니 벌써 400만 원을 다 썼네요!"

나 선생의 사연을 듣자마자 경호와 창민이가 홀라후프 밖으로 폴짝 뛰어나왔다.

"에고, 선생님 통장이 텅 비었네요. 그러게 잘 생각해서 쓰셔야죠! 이제 할부금 내시느라 돈 모으긴 어렵겠어요!"

창민이가 장난스레 말했다.

"그러게 말이에요. 지름신이 왔었나 봅니다. 그래도 직장이 있어 다행이지 않습니까. 또 한 달이 지나 월급이 통장으로 들어옵니다."

뒷줄에 있던 규현이와 선아가 훌라후프로 들어갔다.

"와! 내 돈!"

나 선생이 감탄하는 사이, 규현이는 이미 훌라후프 밖으로 나오며 말했다.

"저, 자동차 할부금으로 빠져나가고 있는 중입니다만?"

규현이의 액션에 나 선생은 손으로 이마를 치며 말했다.

"앗차! 그랬지. 내 차!"

그러면서 갑자기 쓰러지는 척 연기를 했다.

"악, 교통사고가 났어요! 병원비가 필요해요! 병원비!! 선아야, 어서 나가랏!"

"아, 또 통장이 비었군요! 어쩐다. 아직 월세를 못 냈는데? 대출을 좀 받아야겠군!"

나 선생은 재준이에게 훌라후프 밖에 앉게 했다.

"이젠 빚까지 생겼네요."

"선생님! 들어오는 돈보다 적게 나가게 해야죠!"

재준이가 답답하다는 표정으로 말했다.

"그럼 돈을 어떻게 관리해야 할지 여러분이 한번 보여 주세요!"

수입과 지출,
돈을 모으려면 당장 이것부터!

나 선생의 요청에 친구들은 다시 두 줄로 서서 연기를 시작했다. 먼저 재준이와 시현이가 훌라후프 안으로 들어가면서 말했다.

"월급 400만 원이 들어왔어요. 이번엔 200만 원은 남습니다."

시현이가 훌라후프 안에 앉았다. 재준이는 밖으로 나와서 계속 말했다.

"자, 다음 달 월급 400만 원 들어갑니다."

재연이와 규현이가 들어갔다.

"이번에도 200만 원은 무조건 저축합니다."

재준이의 말에 규현이가 훌라후프 안에 앉고 재연이는 나왔다.

"남는 돈을 저축하려고 하면 절대 모이지 않아요! 무조건 저축할 돈을 정하세요. 정기적금을 드시는 걸 권해요. 정기적금으로 무조건 저축했더니 저기 보세요. 이젠 통장에 돈이 쌓이고 있죠?"

재준이가 훌라후프 안에 앉아 있는 시현이와 규현이를 가리키며 말했다. 나 선생은 너스레를 떨며 말했다.

"그런데 적금이 뭔가요? 전 금융

지식이 빵점이라서요."

이번엔 재연이가 나서서 설명했다.

"정기적금은 말이죠, 매월 일정 금액을 저축하는 거예요. 월급이 통장에 들어오면 자동으로 일정 금액이 적금 통장으로 빠져나가게 해 두면 좋습니다. 만기는 정하기 나름인데요, 저는 1년으로 잡았어요. 만기에 찾으면 원금과 함께 이자도 받죠."

선아도 이어서 말했다.

"돈이 좀 모였다면 한 번에 돈을 넣어 두는 정기예금을 시작하세요. 적금하고 예금 이자율이 같아도 예금이 이자가 더 붙어요."

"와, 감사합니다. 예금과 적금은 그런 차이가 있군요? 정기예금은 한 번에 돈을 넣어 두고 만기가 되면 찾는 거고, 정기적금은 매달 일정 금액을 넣는다는 거! 명쾌한 설명, 고마워요."

나 선생이 재준이, 선아, 재연이를 바라보며 고마움을 전했다.

"암튼 기본은요, 들어오는 돈보다 적게 써야 한다는 거예요! 무조건 일정 금액은 남겨라! 이게 '뽀인트'거든요."

재준이가 다시 강조하며 목소리를 높였다.

"아, 네! 명심할게요."

나 선생은 재준이를 바라보며 꾸벅 인사를 한 후, 실험경제반 친구들에게 앉으라는 손짓을 했다.

"오늘은 내가 정말 많이 배웠는데? 다들 이렇게 금융 지식이 많았어?"

"아유, 선생님. 기본이죠. 저희가 실험경제반 활동을 시작하면서 돈 관리도 직접 하거든요!"

나 선생은 흐뭇하게 고개를 끄덕이며 말했다.

"오늘 우리가 직접 돈이 되어 월급이 들어오고 나가는 걸 봤잖아? 재준이 말대로 들어오는 돈에서 먼저 저축해야 돈을 모을 수 있어! 그렇다고 지독한 짠순이가 되라는 말은 아니지만. 우리 영화 한 편 보면서 소비와 저축에 대해 좀 더 생각해 볼까?"

"네, 좋아요!"

소비 vs. 저축, 소비도 저축도 과유불급!

작은 식당을 운영하는 어머니가 보내 주는 돈으로 생활하는 천지웅. 그는 돈이 생기면 앞뒤 가리지 않고 써 버린다. 어느 날 그가 편의점에서 2,000원짜리 물건을 사려고 했는데 지갑에 돈이 없다. 그의 통장 잔액은 42원! 또 다른 주인공 구홍실은 천지웅과 정반대로 버는 돈은 거의 다 저축한다. 쓰레기 봉투를 사는 게 아까워 다른 사람이 내다 버린 쓰레기 봉투에 자신의 쓰레기를 구겨 넣기도 한다. 이보다 더한 짠순이는 없을 것 같다.

〈티끌 모아 로맨스〉라는 영화였다.

"애들아, 천지웅과 구흥실 중 누구의 소비가 더 나은 것 같아?"

"구흥실이죠. 아껴야 잘 살죠!"

나 선생의 질문에 창민이가 답했다.

"저렇게 아끼면 뭐하냐? 현재를 즐기는 것도 필요하다고!"

"그래, 둘 다 문제가 있는 듯!"

경호의 말에 규현이가 받아쳤다.

"둘의 모습이 극과 극이지? 한 명은 오로지 소비, 한 명은 오로지 저축! 사람들이 돈을 버는 족족 쓰기만 하면 어떻게 될까?"

"돈을 모으지 못하죠. 저러다 아프기라도 해 봐요. 아까 훌라후프 옆에 쌓이던 빚이 그래서 생긴 거잖아요."

"100세 시대라는데 할아버지가 되어서는 뭐 먹고 살아요!"

시현이와 재준이가 목소리를 높여 말했다.

"그럼 구흥실처럼 소비는 안 하고 저축만 하면 어떨까?"

"뭐, 현재의 삶을 즐기지는 못하지만 미래를 위한 거니까요. 그닥 문제가 생기진 않을 것 같은데요?"

나 선생의 질문에 이번에는 규현이가 답했다.

"미래를 위해 현재를 희생한다는 느낌이 들지? 그런데 사람들이 소비를 너무 하지 않으면 나라에도 문제가 돼. 사람들이 소비를 하지 않으면 기업에서 생산한 물건이 안 팔릴 거야. 물건이 안 팔리니까 기업은 생산을 줄이고 고용도 줄이겠지. 그럼 실업자가 많아지지 않겠어?"

나 선생의 설명을 듣던 경호가 말했다.

"그래서 내가 소비를 많이 하는 거야! 나라를 위해서!"

"물론 그런 면이 있지. 그런데 지나친 건 안 좋아. 사람들이 소비하느라 돈을 다 써서 저축을 안 하면 기업이 설비투자를 하기가 힘들거든!"

"네? 저축이랑 기업의 설비투자가 무슨 상관이에요?"

재준이가 물었다.

"우리가 은행에 돈을 예금하면 은행은 그 돈의 일부만 남기고 돈이 필요한 사람이나 기업에 대출을 해 주거든. 보통 기업들이 새로운 장비를 사들이거나 사업을 확장하는 등 투자를 할 땐 대출을 받아서 하는 경우가 많아. 근데 저축률이 너무 낮으면 돈을 빌려주는 금융시장에 돈이 없겠지. 그러니 기업 활동도 위축될 수밖에 없고."

"소비도 저축도 '과유불급'이로다! 저축할 돈은 미리 떼어 두고, 그 안에서 합리적으로 소비하자! 이것으로 오늘 수업 내용 정리 끝!"

재연이가 큰 소리로 정리하자 친구들과 나 선생 모두 크게 웃었다.

02

한소비 씨, 그러면 안 돼요!

전문가가 되어 재무 설계 해 보기[17]

"YBS TV 프로그램 〈헬프 미 금융 맨〉 진행자 나 선생 인사드립니다. 금융 전문가 패널 여러분, 반갑습니다."

"네? 금융 전문가요?"

"여러분 모두 돈 관리 전문가시잖아요? 오늘도 사연이 하나 들어왔습니다. 20대 아들을 둔 어머니가 보내 주셨는데 걱정이 많으시더라고요."

나 선생은 교실 스크린에 영상을 하나 틀었다.

영상 왼편엔 〈헬프 미 금융 맨〉이라는 자막이 떠 있고, 근심 가득한 아주

머니가 나왔다. 아들이 스마트폰으로 라이브 쇼핑을 보며 자주 물건을 구매해서 집에 택배 박스가 끊임없이 쌓이는 데다 최근에는 수입차까지 샀다는 내용이었다. 얼마 전에 아들이 샀다는 커다란 노 젓기 운동기구는 새 옷들로 뒤덮여 있었다.

어머니는 몇 년 후면 아들이 결혼도 할 텐데, 결혼 자금을 보태 줄 형편이 아니라며 걱정을 하기도 했다. 아들의 소득과 소비 내역을 보내 드릴 테니 조언을 잘 부탁한다며 영상이 끝났다.

나 선생이 친구들에게 종이를 한 장씩 나눠 주며 말했다.

"이번 사연 역시 심각한데요? 어머님께서 한소비 씨의 소득 내역서와 지출 내역서를 보내 주셨습니다. 전문가 여러분, 한소비 씨의 소비에 어떤 문제가 있는지 살펴봐 주세요!"

한소비 씨의 5월 소득 내역서

날짜	소득 내역		
	구분	내용	금액
5월 7일	예비군 훈련	훈련 보상금	2만 원
5월 14일	발명품 공모전	공모전 상금	10만 원
5월 25일	삼장물산	월급	310만 원
총계			322만 원

한소비 씨의 5월 지출 내역서

날짜	지출 내역		결제 수단	지출 항목	금액
	구분	내용			
1일	구내식당	점심 식비 (5월, 20회)	현금	음식	10만 원
1일	벤츄 코리아	자동차 할부금	현금	교통	85만 원
1일	넷플락스	콘텐츠 사용료	현금	오락, 문화	1만 원
2일	제너코리아	셔츠, 바지	신용카드	의류	50만 원
2일	SA주유소	주유	신용카드	교통	6만 원
2일	간지 초밥	초밥 세트	신용카드	음식	3만 원
2일	스타박스	커피 6잔 (동료들과)	신용카드	음식	3만 원
3일	라이브 쇼핑	노 젓기 헬스 기구	신용카드	가정용품 등	15만 원
(중략)					
25일	라이브 쇼핑	냄비 풀셋트	신용카드	가정용품 등	8만 원
25일	모두의 게임	게임캐시 결제	나라페이	오락, 문화	2만 원
25일	미리 비어	맥주(데이트)	신용카드	음식	5만 원
26일	이딸리아나	스파게티 3인분 (점심, 동료들과)	신용카드	음식	6만 원
(중략)					
총계					312만 원

"어머님이 진짜 걱정 많으시겠다. 월 소득이 322만 원인데 312만 원을 썼네? 번 돈을 다 쓴다고 생각하면 되겠는데?"

"그게 뭐 문제 되냐? 어쨌든 소득 범위 내에서 소비한 거잖아?"

"노후도 생각해야지. 결혼도 할 거라잖아? 집에서는 결혼 자금을 도와줄 형편이 안 된다고 하고. 돈을 모아야지!"

"여기 봐. 식비를 미리 내고선 점심을 따로 사 먹은 게 몇 번이냐? 커피 마실 때도 자기가 다 계산하나 봐."

"쇼핑도 장난 아닌데?"

친구들은 서로 의견을 주고받으며 한소비 씨 지출의 문제점을 찾고 있었다. 그때 나 선생이 영상을 하나 더 틀며 말했다.

"전문가님들, 저희 제작진이 한소비 씨도 인터뷰했습니다. 한번 보시지요."

건들건들한 포즈를 취한 20대 남성이 나왔다. 집에서 회사까지 걸어서 10분이면 도착하는데 굳이 고가의 수입차를 산 이유를 묻자, "폼 나지 않느냐"고 하며 자신의 차를 자랑했다. 차를 몰고 나가면 친구들이 부러워한다며 으스댔다. 고가의 의류를 사는 이유를 묻자 "느낌이 다르다, 비싼 데는 이유가 있다"라고 대답하며 명품 옷들을 보여 줬다. 라이브 쇼핑에 대해서는 쇼핑 방송이 시작된다는 알람이 울리면 너무 보고 싶고, 보면 사고 싶고 품절될까 봐 심장이 두근거린다고 답했다.

실험경제반 친구들은 넋을 놓고 화면을 보면서 "와, 심하다", "무개념이네" 하면서 킥킥거렸다. 영상이 끝난 후, 나 선생은 다

시 프로그램 진행자가 되어 말했다.

"정말 충격적인 영상을 보셨습니다. 한소비 씨는 자신의 소비에 어떤 문제가 있는지 모르는 것 같죠? 패널분들의 어깨가 무거워 보이네요. 오늘은 특별히 한소비 씨를 이 자리에 모셨습니다. 한소비 씨 들어오세요!"

정말 한소비 씨가 왔다! 친구들은 다들 놀라서 교실로 걸어 들어온 남자의 얼굴을 바라봤다.

"한소비 씨, 잘 오셨어요. 여기 금융 전문가분들께서 한소비 씨의 재무 상태에 대해 조언을 해 주실 거예요."

나 선생이 친구들에게 어서 조언을 하라는 눈짓을 했다. 선아가 가장 먼저 일어나 말했다.

"안녕하세요, 한소비 씨. 저희가 소득과 지출 내역을 살펴봤는데요, 우선 쇼핑 중독이 아닌가 하는 생각이 들었어요.”

“중독이라뇨? 저는 그게 취미예요!”

“아, 중독이란 말은 죄송합니다만 매진 임박 사인에 심장이 두 근거리고 불필요한 물건들을 사는 건 문제가 심각합니다. 새로 산 운동기구에 옷만 걸려 있던데요.”

한소비 씨의 반박에 선아가 타이르듯 말했고, 이어서 재준이도 조언했다.

“우선 쇼핑 채널 알림부터 끄세요. 알림이 오면 보고 싶고, 보 면 사고 싶으니까요! 거기서 헤어 나오기 힘듭니다. 저도 그런 적 이 있어서 잘 알아요.”

“네, 알겠어요. 라이브 방송은 안 보도록 자제해 볼게요. 그럼 다른 문제는 없지요?”

사회 첫걸음부터 은퇴까지, 생애 주기에 따른 재무 설계

이번엔 재연이가 나섰다.

“한소비 씨, 우리가 보통 몇 살까지 살까요?”

“80세에서 90세? 더 살 수도 있겠죠. 100세 시대라는데.”

"네, 보통 60대에 은퇴를 하죠. 그럼 40년 가까이 남은 인생 동안은 어떻게 먹고 사실 건가요? 미리 돈을 모아야 하지 않을까요? 우선 결혼 자금도 모아야 하고요."

"아유, 저라고 왜 돈을 모으고 싶지 않겠어요? 쓸 데가 많다 보니 그렇죠. 어떤 소비를 줄여야 할지 알려 주세요."

"우선 회사 구내식당에 한 달치 점심비를 내셨잖아요. 그럼 그걸 드세요. 소비 내역을 보니까 점심 외식이 많더라고요."

재연이의 조언에, 시현이도 거들었다.

"커피나 밥을 사는 것도 줄이는 게 좋겠어요."

창민이가 서둘러 덧붙였다.

"우선 차부터 파세요. 집에서 직장까지 걸어서 10분 거리라면서요? 게다가 고급차라 할부금도 엄청나던데요?"

"차를 팔라고 하면 어쩌시나요. 중고로 팔면 오히려 손해예요. 할부금은 계속 내야 하고. 게다가 그 차가 얼마나 멋진데요!"

한소비 씨가 강하게 반발했다.

"그럼 차는 잠시 제쳐 두고 생각하죠. 명품 옷 사는 걸 줄이면 어떨까요? 명품이라고 꼭 좋은 게 아니에요. 디자인 좋고 품질도 훌륭하면서 합리적인 가격의 옷도 많아요. 지금 제가 입은 옷도 괜찮아 보이지 않아요?"

시현이가 자신의 옷을 가리키며 말했다. 다음은 선아가 한소비 씨에게 종이를 건네며 말했다.

한소비 씨의 소비 패턴 분석

항목별 소비액			
식대	의류·신발	오락·문화	교통
52만 원	114만 원	9만 원	97만 원
가정용품	보건·의료	통신 서비스	기타
23만 원	3만 원	12만 원	2만 원

"자, 여기 보세요. 제가 한소비 씨의 소비 패턴을 분석해 봤어요. 다른 지출에 비해 의류와 식대 지출이 정말 많은데. 이건 줄일 수 있지 않을까요? 차 할부금이 포함된 교통비 지출도 꽤 크지만 차를 팔 수 없다고 하시니 일단 제외하고, 가정용품도 당장 필요 없는 걸 많이 샀더라고요. 이것도 줄이시고요."

"이 표를 보니 정말 제가 의류와 먹는 데 돈을 많이 쓰고 있다는 걸 알겠네요."

선아의 꼼꼼한 분석에 한소비 씨도 수긍했다.

"저는 항목별로 소비 계획을 짜서 그 한도 내에서만 쓰는 걸 추천드려요! 매일 소비하면서 항목별로 체크하는 거죠. 계획한 액수가 넘어가면 그 항목은 더 이상 소비하지 않는 거예요!"

이번엔 재연이가 소비 항목별로 금액을 설정해 두는 걸 제안했다.

"우선 결혼 자금과 은퇴 후 자금 모으기 계획을 꼭 세워야 합니다."

경호의 말이 끝나자 재연이가 칠판에 그림을 그리며 말했다.

"우리 생애 주기를 놓고 보면요, 소비는 일생에 걸쳐 계속되는데 소득은 은퇴 후 많이 줄어들잖아요? 인생의 시기별로 목돈이 들 때도 있고요."

"목돈이요?"

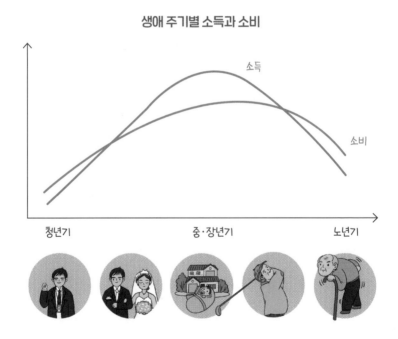

생애 주기별 소득과 소비

재연이의 말에 한소비 씨가 질문했다.

"그럼요. 곧 필요한 결혼 자금, 자녀 교육비, 또 집도 마련해야 할 거고⋯⋯."

재준이가 이어서 말하자, 한소비 씨는 양손으로 머리를 쥐면서 괴로워했다.

"알겠어요. 소비 계획인가 뭔가 짜 볼게요."

"꼭 그렇게 하셔야 해요! 생애 주기를 고려해 단기·장기 목표로 나눠서 계획을 세우고 실천하세요. 자, 이 정도면 조언을 충분히 드린 것 같으니 이만 인사하고 마무리할까요?"

"네, 전문가 여러분, 고맙습니다. 안녕히 계세요."

나 선생이 마무리 멘트를 하자, 한소비 씨가 인사하고 교실을 나갔다.

"자, 얘들아. 모두 훌륭한 금융 전문가이던 걸? 그럼 오늘 수업은 이쯤에서 마무리할까?"

"선생님, 근데 한소비 씨 정체가 뭐예요? 누구예요?"

경호와 창민이가 교실을 나서는 나 선생을 붙잡고 물었으나 결국 알아내지 못했다. 실험경제반에서 한소비 씨의 정체는 지금까지도 미스터리로 남아 있다.

수학적 사고를 더해요 ⑦

* 경제 개념: 단리, 복리, 예금
* 수학 개념: 지수함수, 등비수열

Q1. 17세기 초, 맨해튼 땅을 24달러에 판 북미 원주민들, 그 돈을 모두 은행에 예금했다면 지금 얼마가 되었을까요?

미국 뉴욕 맨해튼에는 원래 북미 원주민들이 살고 있었어요. 1626년 미국 이민자들이 협상 과정을 통해 땅 주인인 원주민들로부터 24달러 정도에 소유권을 넘겨받았다고 해요. 그것도 현금이 아닌 장신구와 구슬로 지불했다네요. 현재 맨해튼의 가치를 고려할 때, 원주민들은 정말 어리석은 거래를 한 것 같죠? 만약 당시 원주민들이 땅을 팔고 받은 물건을 현금으로 바꿔서 은행에 예금했다면 현재 얼마가 되어 있을지 계산해 봅시다. (연 이자율 7.5 퍼센트로 이자를 찾지 않고 은행에 계속 넣어 두었다고 가정할게요.)

24달러를 연 이자율이 7.5퍼센트인 예금에 넣어 두고 396년 동안 이자를 한 번도 찾아 쓰지 않았을 때, 현재 예금 금액을 예상해 보려면 '복리'를 이용해야 해요. '복리'는 원금뿐만 아니라 원금에서 생기는 이자에도 원금과 동일한 비율로 이자가 붙는 것을 뜻합니다. 이자율이 r이라고 할 때, A원을 예금하면 1년 후에는 $A(1+r)$원, 2년 후 $(A(1+r))(1+r) = A(1+r)^2$원, N년 후에는 $A(1+r)^N$원이 됩니다. 이자에도 이자가 붙기 때문에 기간이 길어질수록

효과가 커지지요. 수학적으로 볼 때, 기간 N이 지수로 올라가잖아요? 이런 걸 '지수함수'라고 하는데, N값이 커질수록 함숫값은 가파르게 증가합니다. 자, 그러면 이자도 함께 재투자한다는 가정 하에 복리 공식으로 값을 구해 볼까요?

$$1년\ 후\ 원리금 = A + A \times \frac{r}{100} = A\left(1 + \frac{r}{100}\right)$$
$$2년\ 후\ 원리금 = A\left(1 + \frac{r}{100}\right) + A\left(1 + \frac{r}{100}\right) = A\left(1 + \frac{r}{100}\right)^2$$
$$N년\ 후\ 원리금 = A\left(1 + \frac{r}{100}\right)^N$$

위의 공식에 원주민이 받은 금액 24달러와 이자율 7.5퍼센트, 예치한 기간인 396년을 넣어 봅시다. 그럼 $24\left(1 + \frac{7.5}{100}\right)^{396} = 65,760,193,940,000$이 되죠?

이처럼 북미 원주민들은 현재를 기준으로 대략 65조 달러 이상을 보유하게 됩니다(당시 이자율을 고려하면 충분히 가능한 이야기예요. 불과 몇십 년 전만 해도 우리나라의 예금 이자율도 연 10퍼센트가 넘었답니다). 미국 전체 GDP가 20.94 조 달러(2020년 기준, 세계은행) 정도임을 감안하면 엄청난 가치죠? 이렇게 보면 원주민들의 거래가 아주 어리석었다고도 볼 수 없을 것 같네요.

아쉽게도 복리 예금 상품은 요즘 찾아보기 힘들어요. 하지만 걱정하지 마세요. 복리와 같은 효과를 만드는 방법이 있답니다. 복리의 원리는 원금과 이자를 쓰지 않고 다시 저축한다는 데 있어요. 이자를 쓰지 않고 다시 저축하면 이자에 또 이자가 붙기 때문에 복리의 힘이 발휘됩니다.

Q2. 만약 북미 원주민들이 24달러를 예금하고 이자를 매년 찾아 썼다면 지금 얼마가 되었을까요?

북미 원주민들이 이자를 매년 찾아 썼다면 현재 금액은 대략 737달러 정도밖에 안 될 거예요. 원금에만 이자가 붙는 '단리'니까 다음과 같이 원리금을 계산할 수 있어요.

$$\text{매년 받는 이자} = A \times \frac{r}{100}$$

$$\text{N년 후 원리금} = A + A\frac{r}{100}N$$

$$= A\left(1 + \frac{r}{100}N\right)$$

마찬가지로 위의 공식에 원주민이 받은 금액 24달러와 이자율 7.5퍼센트, 예치한 기간인 396년을 넣어 보면 $24 \times \left(1 + \frac{7.5}{100} \times 396\right) = 736.8$입니다.

어떤가요? 이자를 포함해서 예치하는 경우와 그렇지 않은 경우에 따라 받게 되는 원리금(원금+이자)의 차이가 정말 크죠? 세계적인 투자 전문가 워런 버핏도 투자를 위한 10계명의 제1원칙으로 '이자를 재투자하라'를 꼽았습니다.

우리나라 은행들의 최근 정기예금 이자율은 연 2퍼센트 내외로, 예금을 했을 때 받을 수 있는 이자가 많지는 않아요. 하지만 북미 원주민 사례에서 보듯이 처음에는 느린 것 같아도 예금한 기간이 길어질수록 돈이 불어나는 속도가 빨라집니다. 그러니 본인의 소비 패턴을 분석해 적절한 지출 계획을 세우고, 생애 주기에 따른 재무 설계를 해서 하루라도 일찍 저축을 시작하는 것이 유리하겠죠?

Q3. 예금한 돈이 두 배가 되려면 얼마만큼의 시간이 걸릴까요?

예금한 돈이 언제쯤 두 배가 될지 궁금하다면 '72의 법칙'을 사용해 보세요. 72의 법칙이란 '72를 연간 복리수익률로 나눈 값이, 원금이 두 배가 되는 기간과 같다'는 법칙입니다. '72 ÷ 이자율(복리)'로 계산하면 되는데, 예를 들어 1년 이자율이 4퍼센트일 때는 대략 18년간 저축하면 원금의 두 배가 됩니다.

03

충동 소비를 막으려면 오디세우스처럼!

자신만의 소비 원칙 세우기

"얘들아, 이거 어때? 얼마 전에 산 신상 가방이야!"

나 선생은 빨간색 핸드백을 들어 보이며 말했다.

"홈쇼핑에서 50퍼센트나 세일하더라고! 사고 싶었던 가방인데 세일을 하니 냉큼 질렀지!"

"쌤, 한소비 씨 되셨어요? 그러면 안 된다고 하시더니?"

선아는 신이 난 나 선생의 얼굴을 보며 살래살래 고개를 저었다.

"그러게 말이야. 사실 옷도 많고 가방도 많은데 신상이 나오면 탐나더라니까. 영화나 드라마에서 좋아하는 배우가 착용하고 나오면 더 사고 싶어지고. 나만 그런가?"

"저도 이 운동화 그저께 새로 산 거예요. 운동화가 많아도 유행하는 스타일이라 또 사고 싶더라고요. 그 덕에 용돈이 벌써 바닥이에요!"

"저는 휴대전화 소액결제로 사진 편집 앱을 엄청 구매해요! 그래서 매달 휴대전화 요금이 나오면 엄마한테 혼나요!"

시현이와 재준이가 나 선생의 말을 거들었다.

"그러게 말이야. 우리가 한소비 씨 재무 상담을 하면서 소비를 줄여야 한다고 얘기했지만 말처럼 쉬운 일이 아니지."

"그러니까요! 게다가 SNS나 유튜브에서 제 취향을 어찌나 잘 아는지 딱 좋아할 만한 걸 계속 보여 줘요!"

"저도요! 계속 추천이 뜨더라고요."

친구들의 말을 듣던 재준이가 말했다.

"네가 뭘 클릭했는지 얼마나 봤는지 데이터를 인공지능이 분석해서 맞춤형 광고를 하는 거야. 요즘 그게 엄청나. 사람들이 뭘 관심 있어 하는지 다 알고 있다니까!"

"맞아. AI와 빅데이터 덕분에 생활이 편리해지긴 했지만 그만큼 충동적인 소비도 느는 것 같아. 내가 산 이 가방도 예전에 찾아본 적이 있었거든. 그랬더니 세일 정보가 바로 뜨더라고!"

"정교한 고객 맞춤 정보, 한 번 클릭하면 바로 다음 날 받아 볼 수 있는 편리함! 그 덕분에 자주 찾아오는 지름신이여!"

나 선생의 말에 창민이가 양손을 들며 장난스레 말했다.

"창민이 얘기가 딱 맞네. 편리하지만 위험하기도 한 상황! 우리가 이런 걸 스스로 절제할 수 있는 방법이 있을까?"

나 선생이 아이들을 둘러보며 눈을 빛냈다.

자동이체,
돈을 모으는 가장 쉬운 방법

경호가 먼저 손을 번쩍 들며 말했다.

"용돈을 받으면 먼저 저축할 돈을 떼어야죠! 기본 아닙니까?"

"저는 매달 정기적금으로 3만 원씩 넣고 있어요. 자동이체를 해 두었거든요!"

규현이는 경호의 말에 고개를 끄덕이며 말을 이었다.

지름신이 강령하셨네

"저는 체크카드를 쓰니까 부모님이 용돈을 통장으로 넣어 주세요. 물론 언제나 돈을 찾고 넣을 수 있는 통장으로요. 처음엔 며칠 안 가서 통장 잔고가 바닥났어요. 뭔가 사려는데 잔액 부족으로 결제가 안 되더라고요! 매달 초엔 흥청망청 쓰다가 일주일도 못 가서 쪼들리곤 했어요."

"그런데 어떻게 적금을 넣게 된 거야?"

선아가 물었다.

"절제해야지 결심해 봤자 잘 안 되더라고. 그래서 아예 용돈이 들어오는 바로 다음 날 적금으로 일정 금액이 빠져나가게 자동 이체를 해 뒀지. 그러니 어쩔 수 없이 저축이 되더구만."

"대박! 너 오디세우스냐?"

시현이가 감탄하며 규현이를 쳐다봤다.

"오디세우스?"

"그리스 신화에 나오는 인물이야. 아름다운 노랫소리로 뱃사람들을 바다에 뛰어들게 만드는 세이렌의 유혹을 피하려고 자기 몸을 돛대에 묶어 둔 오디세우스!"

"좋은 방법이네. 스스로 손을 묶는 방법!"

시현이의 설명에 선아가 수긍하며 말했다.

"나도 자동이체로 저축을 하고 있긴 한데, 여전히 내가 좋아하는 게임에 돈을 너무 써서 문제야."

"그럼 게임에 쓰는 돈의 상한액을 정하면 어때? 네가 '한 달에 1만 원까지만 게임에 쓰겠다'고 정하는 거야."

고민하는 규현이를 보며 재연이가 말했다.

"그럼 게임에 돈을 쓸 때마다 기록을 해야겠네?"

"그렇지. 1만 원이 되면 게임 관련 아이템은 쳐다보지 않는 거야! 내가 그렇게 하고 있거든."

충동 소비는 이제 그만!
봉투를 활용한 현명한 돈 관리법

"그리고 나는 소비 계획을 세울 때, 항목별로 구분해서 해당 금액을 관리하는 것도 도움이 되는 것 같아. 난 용돈을 받으면 그 달에 소비할 항목별로 봉투를 만들어서 해당하는 금액을 각 봉 투에 넣어. 간식비로 2만 원을 넣었으면 한 달 동안 그 돈으로만 간식을 사 먹는 거지. 사용할 때마다 봉투에 사용 금액을 적어 두 고. 간식비가 거의 떨어지면 좀 덜 사 먹게 되더라.”

재연이가 차분히 자신만의 용돈 관리 방법을 이야기했다.

“알람시계 같은 느낌인데? ‘이제 그만 써~’ 알람!”

재준이가 말했다.

“맞아. 나 자신한테 보내는 경고! 다른 항목의 돈을 꺼내 쓰는 건 부담이 되어서 안 하게 되더라고.”

“그렇겠네. 똑같은 돈이라도 이름을 붙여 놓으면 다른 데 쓰긴 부담될 것 같아. 근데 나처럼 카드로 쓰면 그게 의지대로 잘 안 된다는 게 함정이야!”

재연이의 이야기를 귀 기울여 들던 규현이가 말했다. 그때 선 아가 뭔가 생각났다는 듯 말 했다.

“그럼 카드에 게임 아이 템 관련 결제는 1만 원까 지만 하도록 정해 두면 어

때?"

"좋은 생각인 것 같아. 요즘은 내 이름으로 발행된 가족 카드를 사용하는 경우가 많잖아. 카드나 휴대전화 등의 간편 결제에 사용 항목별로 금액을 제한하는 시스템을 만들면 좋겠어."

"그거 좋은 생각이다! 사람마다 절제가 잘 안 되는 분야가 있잖아. 그런 분야에 금액 제한을 걸어 두는 거지!"

재연이와 선아가 말했다.

"그럼 소비 계획을 짤 때, 항목별로 한도를 정하는 프로그램을 만들면 되겠네!"

재준이가 눈을 반짝이며 외쳤다.

"와, 여기 즉석에서 프로그램 개발을 하고 있는 실험경제반 현장입니다!"

경호가 신나서 말했다.

"우리 같이 설계를 해 보자! 내가 프로그램 기술 쪽은 좀 알아볼게. 점심 시간에 15분씩 모여서 의논하는 거 어때?"

프로그래머가 꿈인 재준이가 제안하자 친구들은 모두 흔쾌히 동의했다. 그 후 몇 주간 실험경제반 친구들과 나 선생은 점심 시간마다 만나 의논하며 신용카드로 소비 지출을 관리할 수 있는 어플리케이션인 '사용 분야별 자아 통제 금융 결제 시스템'[18]과 '자동 저축 시스템'[19]을 개발했다.

사용 분야별 자아 통제 금융 결제 시스템

스스로 소비 항목별 한도액을 설정해서 충동적 소비를 보이는 항목에 대한 소비를 통제할 수 있게 돕는다.

* 경제 개념: 주식, 수익성, 안전성
* 수학 개념: 분산, 산포도, 평균, 대푯값

Q1. **선아는 용돈을 모아 A, B 두 기업 중 하나에 투자하려고 합니다. 어느 기업의 주식을 사는 게 더 안전할까요? 두 기업 주식의 분기별 투자수익률을 참고해 어떤 주식을 사는 게 더 안전한지 알아봅시다.** (두 기업 주식 수익률의 분산ˣ이 지난해 수준으로 유지된다고 가정할게요.)

두 기업 주식의 분기ˣˣ별 투자 수익률ˣˣˣ

	1분기	2분기	3분기	4분기
A사 주식	5%	2%	4%	5%
B사 주식	10%	-8%	14%	8%

* 분산(variance): 각 변량(각 자료의 값, 여기서는 분기별 투자 수익률)이 자료의 대푯값(평균)에서 얼마나 흩어져 있는지 하나의 숫자로 나타내는 산포도의 일종입니다. 분산이 클수록 변량이 평균에서 흩어져 있다(변동성이 크다)는 의미가 됩니다.

** 분기: 1년을 4등분한 3개월의 기간을 말합니다.

*** 수익률: 투자한 돈에 대한 수익의 비율로 수익률(%)$= \dfrac{수익금}{투자금} \times 100$입니다.

- -

먼저 두 기업 주식의 분기별 수익률을 막대 그래프로 표현해 볼게요.

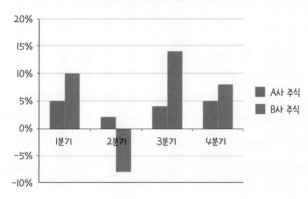

두 기업 주식의 분기별 수익률

위의 그래프를 보면 B사 주식의 수익률은 A사 주식의 수익률에 비해 변동 폭이 큰 걸 볼 수 있습니다. 큰 수익을 낼 수도 있지만 큰 손실을 볼 수도 있다는 뜻이죠. 그에 반해 A사 주식은 변동 폭이 작기 때문에 상대적으로 안전해 보입니다. 여기서는 두 회사 주식 수익률의 분산이 지난해 수준으로 유지된다고 했기 때문에 그렇게 볼 수 있는 거예요. 실제로는 다를 수 있답니다. 그래프를 그려 보지 않고 변동성을 쉽게 비교하는 방법은 없을까요? 분산은 변량들이 평균에서 흩어진 정도를 하나의 숫자로 표현해 주기 때문에, 분산을 알아 두면 각 기업 주식의 변동성을 비교하기 쉽습니다.

Q2. 그럼 두 기업의 주식 수익률의 분산을 구해 볼까요?

분산은 편차 제곱의 총합을 변량의 개수로 나눈 값입니다. 이때 편차는 '변량(분기별 투자수익률) – 평균'입니다. 편차 제곱의 평균이 분산인 거죠. 그런데 변량들이 대푯값(평균)에서 평균적으로 얼마나 흩어져 있는지 보려면 그냥 편차들을 구해 평균을 내면 될 것 같은데, 편차를 제곱해서 평균을 내는게 이상하지 않나요? 그 이유는 변량이 평균보다 크면 양수(+), 변량보다 작으면 음수(–)가 되어 편차의 합이 항상 0이 되기 때문이에요. 편차들의 평균도 언제나 0이 되고요. 그래서 편차를 제곱한 값들을 평균을 내서 사용하는 거예요. 편차를 구해야 하니 먼저 각 기업 주식 수익률의 평균을 내 볼게요.

$$A사\ 주식\ 수익률의\ 평균 = \frac{5+2+4+5}{4} = 4(\%)$$

$$B사\ 주식\ 수익률의\ 평균 = \frac{10+(-8)+14+8}{4} = 6(\%)$$

$$A사\ 주식\ 수익률의\ 분산 = \frac{1^2+(-2)^2+0^2+1^2}{4} = 1.5$$

$$B사\ 주식\ 수익률의\ 분산 = \frac{4^2+(-14)^2+8^2+2^2}{4} = 70$$

평균적으로 기대할 수 있는 수익률은 B사 주식이 더 높네요. 하지만 A사 주식의 분산은 1.5, B사 주식은 70으로 B사 주식의 변동성이 월등히 높아 위험성이 크다는 걸 확인할 수 있습니다.

자, 여러분이라면 어떤 기업의 주식을 사고 싶나요? 위험을 감수하면서도 높은 수익률을 추구하고 싶은 사람은 B사 주식을, 높은 수익보다는 안전한 걸 원하는 사람은 A사 주식을 살 것 같네요. 그런데 여기서 꼭 기억할 점은 어떤 주식에 투자하더라도 손실 가능성은 있다는 거예요. 수익성도 좋고 안전하기도 한 금융자산은 없냐고요? 보통 수익성과 안전성은 음(-)의 상관관계를 가져요. 수익성도 좋고 안전한 건 찾기 힘듭니다.

Q3. 주식 투자에 따른 위험을 줄이는 방법이 있을까요?

'달걀을 한 바구니에 담지 마라'라는 말을 들어본 적 있지요? 주식 투자에 따른 위험도 비슷합니다. 한 주식에 집중해 투자하는 것이 아니라 여러 주식에 나누어 투자하면 위험을 어느 정도는 줄일 수 있습니다. 여러 자료를 분석해 보면 금융 자산에 포함된 주식의 종목 수가 많을수록 금융 자산 수익률의 분산이 작아진다고 해요.[20] 물론 이렇게 해도 줄일 수 없는 위험도 있습니다. 급격한 경기 침체가 오면 대부분의 기업들의 매출이 감소하고 이윤이 줄어 주식의 수익률이 줄어들테니까요.

상품 개발부터
마케팅, 홍보와 기부까지

무인 바자회를 통해 직접 경험하며 배우는 경제 원리

녹음 속 매미 소리가 한창인 어느 날, 나 선생은 실험경제반 친구들에게 문자를 보냈다.

갑작스럽게 모임을 제안했는데도 친구들이 모두 모였다.

"우리 시원한 수박 먹으면서 동아리 발표회 때 뭘 하면 좋을지 생각해 보자."

나 선생이 큼직하게 썬 수박을 한 조각씩 건네며 말했다.

"다른 동아리들처럼 사진을 전시할까요? 활동하면서 찍은 사진도 많고요."

"사진으로 영상을 만들어서 상영하는 것도 좋을 것 같아요!"

"색다르게 바자회를 여는 게 어때요?"

"좋을 것 같은데요? 안 쓰는 물건도 가져와서 팔고요."

"맞아요! 수익금 일부는 기부도 하고요!"

바자회를 열자는 재준이의 의견에 동의하는 친구들이 많았다.

"바자회? 정말 좋은 아이디어다! 기부까지 생각하다니 더 근사한데! 찬성하는 사람?"

나 선생이 묻자 일곱 명 모두 손을 들었다.

"좋아. 그럼 바자회를 어떻게 준비할지 너희끼리 논의해 봐. 그리고 내게 알려 주면 나도 적극적으로 도울게."

나 선생이 자리를 비켜 주자 벌써부터 신이 난 아이들이 너도나도 소리 높여 아이디어를 내기 시작했다.

 바자회를 하려면 물건이 필요하잖아. 다음 주까지 집

에서 '나는 잘 안 쓰는데 괜찮은 물건들'을 가져오는 게
어때?

우리가 뭔가를 만들어서 파는 것도 좋을 것 같아.

좋아! 떡볶이, 튀김 같은 거 만들어서 팔까?

먹을 것 좋지! 나 요리하는 거 좋아해!

근데 학교에 조리할 곳이 없어. 미리 조리해 오면 식어
서 맛이 떨어질 것 같아.

음식을 만들 때 위험하기도 하고 식품위생법상 문제도
있지 않을까? 우리가 요리한 걸 먹고 누군가 배탈이라
도 나면 어떡해.

규현이가 침착하게 법적 문제, 건강 문제에 대해 얘기하자 모
두 생각에 잠겼다.

그럼 물건을 만드는 건 어때? 동아리 발표회 날에는 부
모님들도 오시잖아! 친구들뿐만 아니라 부모님들도 소
비자가 될 수 있어!

단순한 물건 말고 환경도 생각하는 '업사이클링' 제품
을 만들면 좋겠어!

응? 업사이클링이 뭐냐?

안 쓰는 물건을 재사용하는 차원을 넘어서, 더 좋은 물건으로 재탄생시키는 거야!

 더 좋은 제품으로 만든다고? 그거 좋은 아이디어다!

나도 찬성! 다음 주 금요일까지 안 쓰는 물건들을 모아 보고, 그것 중에서 업사이클링 할 걸 찾아내는 건 어때?

 좋아, 그러자! 다음 주에 이 자리에서 또 얘기하자!

업사이클링,
쓸모없는 것들에 가치를 더하다

한 주가 지나고 동아리 교실에 다시 모인 아이들은 조화 같은 장식품부터 학용품, 의류까지 그동안 모은 다양한 물건들을 책상 위에 꺼내 놓았다. 특히 티셔츠와 청바지가 눈에 많이 띄었다.

 와, 안 쓰는 물건들이 정말 많네! 이 볼펜은 완전 새 거잖아? 내가 가질래.

 창민아! 그 손 멈춰! 여기 모은 건 우리가 가지면 안 돼. 각자 바자회에 내놓으려고 가져온 거잖아. 게다가 수익금도 기부할 거고.

맞아. 새 것에 가까운 것들은 그냥 팔기로 하고. 사용감이 있는 것들을 더 좋은 제품으로 업사이클링 하면 좋겠는데?

 여기 있는 티셔츠들을 보면서 뭔가 아이디어가 떠올랐어!

 무슨 아이디어야? 궁금한데?

 요즘 빈티지가 유행이니 티셔츠를 이용해서 가방을 만들면 어떨까? 우리 누나는 천으로 된 가방을 많이 들더라고!

 나는 찬성! 우리 선생님 의견도 들어 보자.

  친구들은 모두 시현이의 아이디어에 찬성했고 나 선생에게도 의견을 물었다.

 나도 좋은 생각 같아! 재봉틀은 내가 빌려줄게!

 와, 감사합니다. 저희는 손바느질하려고 했는데 제작하기가 훨씬 쉽겠어요!

 그럼 여기서 어떤 것들을 골라서 만들어 볼까?

 청바지도 가방 만들기 좋겠어요!

 가방도 만들고 치마도 만들 수 있겠는데요? 누나가 잘

안 입는 청바지로 치마를 만드는 걸 봤어요! 아랫부분은 잘라 버리고 바지통을 뜯어 박아서요. 제가 사진으로 보여 줄게요. 치마를 만들면 천이 남으니까 가방도 만들 수 있을 거예요!

역시 시현이가 감각이 있네!

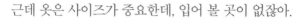근데 옷은 사이즈가 중요한데, 입어 볼 곳이 없잖아.

사이즈를 상세하게 표시하면 되지 않을까?

흠, 나는 사이즈에 구애받지 않는 제품이 나을 것 같아.

우리가 가져온 물건들로 만들 수 있는 게 뭐가 있을지 더 고민해 보자. 아이디어를 동아리 카페에 올려서 공유하면 어때?

그래, 뭐든 떠오르는 걸 우선 다 모아 보는 거야! 그리고 뭘 만들지는 수요 조사를 해서 결정하자.

수요 조사?

우리가 만든 물건의 소비자가 될 친구들과 부모님들이 뭘 좋아하는지, 또 얼마를 지불할 의향이 있는지 알아보는 거지!

재연아, 그거 정말 좋은데? 카페에 일주일간 아이디어를 내서 공유하자! 댓글로 의견도 교환하고! 각자 친구들과 부모님에게도 의견을 물어서 반영하자고!

일주일 동안의 동아리 카페 게시글 현황

업사이클링 상품 선정 투표 결과(중복 선택 가능)

티셔츠로 천 가방 만들기 ···················· 6표

청바지로 치마 만들기 ······················· 1표

볼펜과 조화로 꽃 볼펜 만들기 ············ 4표

등산복, 우비로 식탁보 만들기 ······ 2표

티셔츠, 청바지로 필통 만들기 ············ 2표

새로운 보드게임 만들기 ······················· 1표

♡ 좋아요 ○ 댓글

― 필통은 티셔츠 만들고 남은 천을 이어서 만들면 어떨까?

― 단순한 디자인으로 생각해서 많이 선택 안한 듯?

　　└ 나도 동감!

　　└ 나도! 조각 천으로 만드는 건 찬성!

　　└ 나도 찬성!

― 식탁보 말고 1인용 식탁 매트는 어때? 방수천이니까 음식 흘려도 닦기 좋고.

　　└ 우리 집에서도 식탁 매트 많이 써.

　　└ 엄마, 누나 다 식탁 매트 좋대.

　　└ 우리 엄마도.

― 치마 예쁜데. 우리 누나도 좋아한다니까?

　　└ 치마는 허리 사이즈가 맞아야 해서 가방이 나을 것 같아.

　　└ 나도 가방이 더 나을 듯.

　　└ 나도!

제품 개발에서 기부까지,
만들고, 팔고, 나누자!

일주일이 지나고 아이들은 다시 실험경제반 교실에 모였다. 선아가 정리해 온 노트를 보며 논의를 시작했다.

동아리 카페의 투표와 댓글 의견을 수렴해서 업사이클링할 상품은 천가방, 필통, 식탁 매트, 꽃 볼펜으로 정했어. '제품 디자인 → 추가 재료 구입 → 상품 제조 → 가격 책정·마케팅 → 판매' 순서로 준비하면 어떨까? 각자 어떤 일을 맡고 싶은지 말해 보자.

내가 제품 디자인을 해 볼게. 디자인 샘플을 제작해서 카페에 올릴테니 의견 줘.

고마워, 시현아. 추가 재료가 뭐가 필요할지는 디자인이 나와야 알 테고. 제작할 상품은 총 네 개니까 각자 하나씩 맡아서 만들면 될 것 같아. 네 명 필요할 것 같은데, 누가 할래?

상품은 다 같이 만드는 게 좋을 것 같아. 추가 재료 구매는 그리 어려운 일이 아니니 내가 할게. 어차피 동아리 시간에 사 오면 돼.

제품 디자인　　　　　추가 재료 구입　　　　　상품 제조

 가격은 각자 친구들과 부모님을 통해서 수요 조사를 한 후에 같이 정하자. 제품이 나오면 어떻게 마케팅할지, 누가 판매할지 다 같이 논의해 보고. 와, 너무 재미있을 것 같아!

 나도 같이 하는 것에 동의해. 판매만 빼고!

응? 그럼 판매는 누가 했으면 하는데?

판매는 아무도 하지 않는 거야!

기껏 만들어서 판매하지 말자고? 기부는 어떻게 해?

 아니, 판매는 하는데. 우리가 판매하진 말자고. '무인 판매'를 하자는 거야.

 무인 판매?

응, 상품을 진열하고 가격표를 붙여 놓는 거야. 그리고 그 옆에 돈을 넣을 수 있는 상자를 두는 거지.

 뭐라고? 그냥 가져가면 어떡하냐?

양심을 믿어 보자는 거야. 우리가 실험경제반 아니겠

가격 책정·마케팅   판매   기부

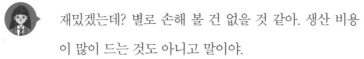

어? 사람들의 도덕성에 대한 것도 실험해 보자.

재밌겠는데? 별로 손해 볼 건 없을 것 같아. 생산 비용이 많이 드는 것도 아니고 말이야.

비용은 많이 들지! 나 같은 고급 인력이 디자인하고 우리가 피땀 흘려 만드는 것도 비용이라고! 비용은 많이 들지만 실험해 보는 데 찬성이야!

실험해 보는 거 멋지다! 찬성!

　나도 찬성!

괜찮은 생각이긴 한데, 사고 싶은데 당장 돈이 부족한 친구들이 있을 수 있잖아. 우리가 팔면 상황을 고려해서 외상으로 줄 수 있는데 말이야.

그럼 이건 어때? 상자 옆에 장부를 두는 거야. '돈이 부족하면 장부에 이름을 적고 내일 김나영 선생님께 드리세요.' 이렇게 문구를 써 두는 거지.

그래, 그러면 되겠다!

그럼 모두 동의했으니 무인 판매로 갑시다!

 판매대에 '수익금은 ○○○에 기부됩니다!' 이런 문구도 쓰자! 좋은 일이라는 생각이 들면 더 많이 살 것 같아.

우리 전액 기부는 아니니까 '일부는'이라고 밝히자.

그럼 수익금의 얼마를 기부할지, 어디에 기부할지도 정하자. 50퍼센트 어때?

선아의 제안에 모두가 동의했다.

 기부는 어디에 하는 게 좋을까? 개발도상국 아동들을 돕는 국제기구는 어때?

 음. 근데 우리 주변에도 당장 도움이 필요한 사람들이 있더라고. 얼마 전에 들었는데 보육원 같은 복지시설에 있다가 나이가 차서 나와야 하는 형, 누나들이 자립할 수 있도록 돕는 기관도 있더라. 거긴 어떨까?

아이들은 투표를 통해 바자회 수익금을 도움이 필요한 청년들의 자립을 지원하는 기관에 기부하기로 정했다.

 와, 오늘 성과가 많다. 판매 계획은 다 세웠으니 이제 진짜 제품을 만들어야지! 시현아, 디자인 서둘러 줘!

시현이는 밤을 세워 디자인을 했는지, 이틀 만에 디자인을 카페에 올렸다. 그것도 각 제품마다 두 종류씩이나! 그런데 투표를 해도 좀처럼 의견이 좁혀지지 않자 경호가 댓글로 의견을 냈다.

상품 디자인 관련 카페 게시글 현황

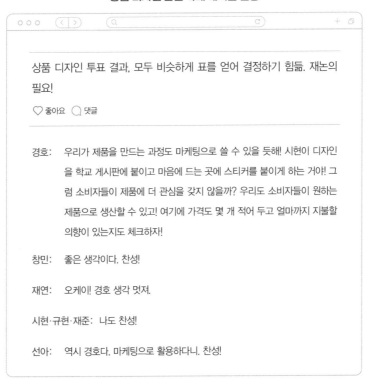

상품 디자인 투표 결과, 모두 비슷하게 표를 얻어 결정하기 힘듦. 재논의 필요!

♡ 좋아요   ◯ 댓글

경호: 우리가 제품을 만드는 과정도 마케팅으로 쓸 수 있을 듯해! 시현이 디자인을 학교 게시판에 붙이고 마음에 드는 곳에 스티커를 붙이게 하는 거야! 그럼 소비자들이 제품에 더 관심을 갖지 않을까? 우리도 소비자들이 원하는 제품으로 생산할 수 있고! 여기에 가격도 몇 개 적어 두고 얼마까지 지불할 의향이 있는지도 체크하자!

창민: 좋은 생각이다. 찬성!

재연: 오케이! 경호 생각 멋져.

시현·규현·재준: 나도 찬성!

선아: 역시 경호다. 마케팅으로 활용하다니. 찬성!

경호의 아이디어대로 시현이의 디자인을 학교 게시판에 3일 동안 붙여서 스티커 투표를 하기로 했다.

게시판 투표는 반응이 뜨거웠다! 3일간 투표에 참여한 학생이 무려 200명이 넘었다. 학생들은 복도를 지나다니며 게시판에 붙여 둔 제품 디자인을 구경하기도 하고, 선호하는 디자인에 스티커를 붙이며 의견도 주고받았다. 소비자 투표로 디자인을 정한 후, 본격적으로 제품 제작에 들어갔다.

추가 재료는 '필통과 가방에 쓸 지퍼, 재봉실, 꽃 볼펜을 만드는 데 필요한 색 테이프' 세 가지였다. 나 선생이 재봉실은 제공하기로 해서 지퍼와 테이프만 사면 됐다. 재연이가 큰 문구점에 들러 사 왔고, 추가 재료를 사는 데 든 비용은 7,000원으로 각자 1,000원씩 부담했다.

이후 실험경제반 아이들은 동아리 시간 두 번에 걸쳐서 각 제품을 일곱 개씩 완성했다.

가격 결정,
꽃 볼펜은 얼마에 팔아야 할까?

 이제 가격을 정해야 해. 지난번 수요자 의견 조사에

따르면 가방은 1만 원, 필통은 3,000원, 식탁 매트는 1,000원, 꽃 볼펜은 300원이야. 가방과 필통 가격은 괜찮은 것 같은데 꽃 볼펜이 좀 걸려. 색 테이프 가격이 꽤 비쌌거든. 2,500원이나 들었어. 이 가격으로 팔면 우리는 일곱 개 다 팔아도 400원이 손해야.

그래, 그건 좀 문제다. 2,000원은 받자!

300원 정도로 지불하고자 하는 소비자가 많은데 2,000원으로 정하면 안 팔릴 것 같아.

그럼 700원에 팔면 어때?

가격은 적당한 것 같은데 요즘 동전을 잘 안 가지고 다니니까 계산하기 불편할 수도 있어. 1,000원으로 하자. 안 팔리면 바자회 시간이 끝날 때쯤 세일해서 파는 거지.

그래, 그것도 좋겠다. 바자회가 3시에 끝나니까 2시 30분쯤엔 판매대에 가서 남은 상품들을 싸게 팔자. 아예 못 파는 것보단 원가 이하 가격에라도 파는 게 낫잖아.

바자회 이틀 전에는 게시판에 포스터를 붙여서 홍보도 하자! 그래야 돈도 준비해 오고 뭘 살지 미리 생각도 할 테니까.

환경을 생각하는 업사이클링 제품이란 점, 또 우리가 직접 만들었다는 점도 강조하면 좋겠어!

친구들은 경호와 창민이가 낸 아이디어에 모두 찬성했고 시현이가 제안한 내용을 반영해 게시판에 붙일 포스터를 만들었다.

동아리 발표회 날 아침, 실험경제반 친구들은 학교에서 준비해 준 대형 테이블을 1층 로비에 놓고 상품을 진열했다. 각 상품마다 가격표를 붙이고 돈을 넣는 상자도 올려 두었고, 상자 옆에 돈이 부족한 친구들을 위한 장부도 준비했다. 그리고 '수익금의 절반은 보호시설에서 독립하는 청년 돕기에 기부됩니다'라는 문구가 적힌 종이도 잘 보이게 배치해 두었다.

바자회 결과는 대성공이었다. 시작한 지 두 시간이 채 되지 않아 가방과 필통은 모두 판매되었고 남아 있던 식탁 매트와 꽃 볼펜도 부모님들이 오시는 오후 시간이 되자 다 팔렸다.

판매 금액은 총 9만 원이었다. 장부에 적힌 외상금은 1만 원으로 목표한 금액 10만 5,000원보다 조금 모자랐지만 거의 다 채워졌다. 재료비 7,000원을 제하고 남은 수익금은 9만 3,000원! 나 선생과 친구들은 '실험경제반' 이름으로 5만 원을 기부하고, 남은 금액으로는 다 같이 피자를 맛있게 먹으며 학기를 마무리했다.

직접 제품을 기획하고, 판매하고, 기부까지 성공적으로 해낸 실험경제반 친구들의 얼굴엔 가슴 벅찬 뿌듯함이 가득했다.

알쏭달쏭 금융 용어를 알아 두자!

1) 수입, 지출, 소득, 소비의 관계

수입과 소득, 지출과 소비. 비슷한 듯 다른 용어들이 있지요? 슬기로운 금융 생활을 위해 알아야 할 용어들을 정리해 볼게요.

수입은 들어오는 돈, 지출은 나가는 돈입니다. 소득은 들어오는 돈이니까 수입에 포함되는 개념이에요. 소득에는 급여 형태로 들어오는 근로 소득, 사업을 통해 벌어들이는 사업 소득, 예금 이자나 임대료 등의 재산 소득, 나라에서 주는 사회보장비 등의 이전 소득이 있습니다. 소득 말고 수입에 속하는 게 더 있을까요? 은행에서 돈을 빌리면 부채이지만 지금 당장은 돈이 들어오는 것이니 수입으로 봅니다.

우리가 필요한 것을 사는 소비는 지출에 포함됩니다. 소비 말고 또 무엇이 있을까요? 세금, 임대료 등은 소비는 아니지만 지출에 속해요. 빚을 갚는 것도 소비는 아니지만 지출이지요. 이를 '비소비 지출'이라고 부릅니다. 예금이나 적금은 어떨까요? 매달 용돈에서 일부를 정기적금에 넣는다고 합시다. 이것도 나가는 돈이기 때문에 지출에 포함됩니다.

회계적으로 수입과 지출의 수치는 언제나 같습니다. 자신의 소득 수준에 맞춰서 지출과 저축을 균형 있게 설계해야겠죠?

수입과 지출

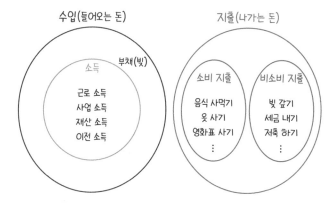

수입(들어오는 돈)

소득
부채(빚)

근로 소득
사업 소득
재산 소득
이전 소득

지출(나가는 돈)

소비 지출

음식 사먹기
옷 사기
영화표 사기
⋮

비소비 지출

빚 갚기
세금 내기
저축 하기
⋮

2) 저축과 투자의 두 가지 의미

저축과 투자는 상황에 따라 의미가 다르게 쓰입니다. 경제학에서 저축은 '소득-소비'로 정의해요. 소득에서 소비를 빼고 미래 소비를 위해 남긴 걸 저축이라고 하는 거죠. 경제학에서 정의하는 투자는 '생산을 하기 위해 생산 요소를 구입하는 것'이에요. 기업이 생산 활동을 하기 위해 공장, 기계, 설비 등을 구입하는 것과 그를 위한 금융 거래가 모두 포함됩니다. 그러나 이런 맥락에서는 우리가 평소 이야기하는 금융 거래의 대부분이 투자에 포함이 안 됩니다.

우리가 미래 소비를 위해 남긴 돈으로 '저축을 할까, 투자를 할까'라고 할 때는 저축과 투자의 의미가 달라집니다. 이때 저축은 원금이 보장되는 금융 거래를, 투자는 원금이 보장되지 않는 위험성이 있지만 높은 수익률을 기대할 수 있는 금융 거래를 말합니다.

은행에 예금을 하면 수익률은 낮지만 원금을 보장해 줍니다. '예금자보호제도'가 있어서 한 은행당, 원금과 이자를 합해서 5,000만 원까지는 잃지 않을 수 있죠. 반면 주식에 투자하는 경우는 다릅니다. 주식을 사면 '주주'가 되어 기업의 일부를 소유하게 됩니다. 기업은 그 돈으로 성장하고, 여러분은 기업의 지분을 얻는 거죠. 회사가 성장하면 이윤을 나눠 받을 수도 있고 주식 가격도 오르지만 회사 사정이 나빠져 주식 가격이 떨어진다면 원금을 잃을 수도 있어요. 위험성이 적은 예금과 적금을 저축이라고 한다면, 원금 손실의 위험성이 있지만 그에 비해 좀 더 높은 수익률을 기대할 수 있는 주식, 채권(회사채), 펀드, ETF(Exchange Traded Fund, 상장지수펀드) 등은 일반적으로 말하는 투자에 해당됩니다.

3) 주식과 채권의 차이

A라는 친구가 최첨단 로봇을 개발했다고 가정해 봅시다. 본격적인 사업을 위해 회사를 차리려는데 돈이 필요해요. A가 제게 '내 회사에 투자할래? 투자한 만큼 회사의 소유권을 줄게'라고 합니다. 제가 A의 회사에 투자를 한다면 A는 제게 회사의 소유권을 표시하는 증명서를 주겠지요? 이게 바로 주식입니다. A의 회사에서 발행한 주식 1퍼센트를 샀다면 그 회사의 1퍼센트만큼 소유권이 있는 거예요. 주식을 발행하는 회사를 '주식회사'라고 하고, 주식을 소유한 사람들을 '주주'라고 합니다. 주주들은 자신의 소유권만큼 회사의 의사 결정권도 갖습니다. 회사의 중요한 일을 결정하기 위해 주주들이 모이는 걸 '주주총회'라고 하는데, 주주는 여기에 참여할 수 있지요.

회사에서 이윤이 발생하면 일정 금액을 주주들에게 나눠 주는데 이걸 '배당금'이라고 합니다. 주식의 가격인 '주가'는 오를 수도 있고 내릴 수도 있기 때문에 위험이 따른다고 하는 거랍니다.

만약 제가 A에게 '나는 회사 주인이 되고 싶지는 않고 회사가 잘 되든 안 되든 내가 투자한 돈과 이자를 같이 받을래'라고 말했다고 합시다. 이럴 때 A는 회사 이름으로 채권을 발행할 수 있어요. 증명서에 'A회사는 20××년 ××월 ××일 원금 100만 원과 이자 5만 원을 갚겠다'는 내용을 적어서 제게 주는 거예요. A의 회사의 채권을 샀다는 건 결국 돈을 빌려준 것과 같아요. 갚기로 한 날짜를 '만기'라고 하는데, 채권을 만기까지 가지고 있으면 회사가 망하지 않는 한 원금과 이자를 돌려받을 수 있습니다.

일반적으로 돈을 빌려주면 갚기로 한 날짜가 되기 전까지는 돈을 받기 어렵지만 채권은 언제든지 사고팔 수 있어요. 만기 전 채권을 사고팔 때 채권의 가격은 오를 수도 있고 내릴 수도 있습니다.

주식이나 채권을 살 땐 그 회사의 재무 상태, 경영, 비전 등을 잘 살펴봐야 해요. 회사 상황에 따라 주식의 가격이 오르내리고, 채권의 경우, 회사가 망하면 돈을 아예 받지 못할 수도 있기 때문이죠.

경제 용어

- **유가증권**: 재산적 권리를 표시한 증서(사고팔 수 있음)
- **주식**: 주식회사의 소유권을 나타내는 유가증권(언제나 사고팔 수 있음)
- **채권**: 국가나 회사가 돈을 빌리기 위해 발행하는 유가증권, 만기가 되면

원금과 이자를 돌려받음(언제나 사고팔 수 있음)

- **국채:** 정부가 발행한 채권
- **회사채:** 회사가 발행한 채권
- **펀드:** 투자자로부터 모은 자금을 자산운용사가 주식 및 채권 등에 투자해 운용한 후 수익을 돌려주는 금융 상품
- **ETF:** 펀드이지만 주식처럼 거래할 수 있도록 거래소에 상장된 금융 상품 (예: 한국 거래소가 발표하는 주가 지수인 코스피 지수의 수익률을 그대로 따라가도록 구성한 ETF)
- **코스피(KOSPI) 지수:** 1980년 1월 4일 한국거래소에 상장된 회사들의 주식들의 주가 총액을 100으로 볼 때, 오늘의 주가 총액이 얼마인지 표시한 값(코스피 지수 = $\dfrac{\text{오늘의 주가 총액}}{\text{1980년 1월 4일 주가 총액}} \times 100$)

※ 주식, 채권 등 직접 투자 체험을 해 보세요! 다음 사이트를 방문하면 모의증권 투자 게임을 할 수 있습니다.

▲ 한국거래소 누리집

4) 소득과 자산의 구분

인앤아웃 게임을 하며 소득은 '일정 기간 동안' 번 돈이라는 표현을 했어요. 일정 기간은 한 달, 1년 등 정하기 나름입니다. 예를 들면 '작년 한 해 동안 내 소득은 4,000만 원이다'라고 표현할 수 있어요. 반면 자산은 '특정 시점'에 내가 가지고 있는 돈입니다. '2022년 12월 1일, 내 자산은 총 2억 원

이다' 이런 식으로요. 자산은 가지고 있는 돈, 부동산이나 주식, 채권 등의 가치를 모두 포함해서 돈으로 환산합니다. 소득처럼 '일정 기간 동안'의 개념을 '유량(flow)', 자산처럼 '특정 시점'의 개념을 '저량(stock)'이라고 합니다.

5) 생애 주기를 고려한 재무 설계하기

끊임없이 변화하는 인생의 긴 과정을 '생애 주기'라고 합니다. 소비는 인생이라는 과정에서 꾸준히 발생하고, 특정 시기에는 목돈을 써야 할 때도 있지만 소득은 은퇴 이후 많이 줄어요. 미래에 있을 상황을 예상하고 돈을 모을 수 있을 때 미래를 대비해야 하지요. 이것이 생애 주기를 고려한 재무 설계를 해야 하는 이유입니다.

시기별로 우선순위에 따라 장·단기 재무 목표를 세우고 실천해야 해요. 긴 인생에서 지속적으로 소득을 창출할 수 있는 방법도 마련하면 좋습니다.

에필로그

이 책에서는 다양한 실험과 게임을 통해 '선택'이 모든 경제 문제의 시작이며, 어떻게 하면 '합리적 선택'을 할 수 있는지를 살펴봤습니다. 《최강의 실험경제반 아이들》의 다음 이야기에서는 개인의 선택 문제를 보다 더 확장하여 우리 사회와 전 세계의 지속가능성을 고려한 선택의 문제로 다뤄 보려고 합니다. 때로는 개인에게 '기회 비용 대비 가장 큰 편익'을 가져다준 어떤 선택이, 사회적으로는 좋지 않은 결과를 가져오는 경우도 있거든요. 그렇기에 우리는 국가 주도의 경제 시스템이나 국가 간의 교역 등이 실제로 경제에 미치는 영향을 알아보며 개인과 사회, 세계를 연결한 여러 경제 현상과 문제들을 풀어 볼 필요가 있답니다.

앞에서 이야기했지만 우리가 경제를 배우는 이유 중 하나는 '합리적 선택'을 하기 위해서예요. 그리고 이 '합리성'은 어떤 가치를 기준으로 접근하느냐에 따라 의미가 달라질 수 있죠. 개인적으로 진정한 의미의 '합리성'이란 냉철한 이성과 타인을 배려하는 따스함이 조화를 이룰 때 실현되는 거라고 생각해요. 여러분 또한 배우고 실천하면서 각자 나만의 기준을 세우고 자신이 추구하는 '합리성'을 찾으리라 믿습니다.

그리고 저는 이를 위해 한층 더 업그레이드된 실험경제반을 준비하고 있어요. 다음 책에서는 사람들의 사고와 행동을 결정하는 심리·사회·문화적 요인들을 찬찬히 알아볼 거예요. 그럼 여러분 많이 기대해 주세요.

감사의 글

《최강의 실험경제반 아이들》은 실험경제반 친구들이 적극적으로 제안을 해 준 덕분에 세상에 나오게 되었습니다. 사회인으로, 대학생으로 혹은 고등학생으로 바쁘게 지내면서도 우리의 이야기가 책으로 나온다는 소식에 기뻐하며 응원과 함께 책에 대한 소중한 의견을 보내 준 제자들에게 가장 먼저 감사의 인사를 전합니다.

처음으로 경제에 흥미를 갖게 해 주신 윤기봉 선생님, 대학에서 더 깊이 경제학을 공부할 수 있게 이끌어 주신 이인표 교수님, 대학원에서 실험경제학과 행동경제학에 눈뜨게 해 주신 최민식 교수님. 훌륭하신 은사님들이 있었기에 제가 즐겁게 경제학을 공부하고, 어떻게 하면 제자들과 함께 배우고 나누며 성장해 나갈지를 고민하며 노력할 수 있었습니다. 진심으로 감사 드립니다.

책을 집필하는 동안 언제나 아이디어 창고가 되어 주고, 누구보다 열심히 엄마의 원고를 읽고 의견을 준 채민이와 바쁜 아내를 적극적으로 지지하며 든든한 지원군이 되어 준 남편에게도 감사의 마음을 전합니다.

마지막으로 많은 분량의 원고를 꼼꼼하게 확인하고 감수해 주신 이인표 교수님께 다시 한 번 감사 드립니다.

1 박찬정, 2012, '게임 속 희소성 체험하기', 〈클릭경제교육〉 2012년 3월호에 소개된 교수 학습 방법을 변형하여 수업을 재구성했습니다.

2 한진수, 2002, '실험을 통한 경제수업: 매몰 비용의 경우'. 〈교육논총〉 20, pp.221-229에서 사용한 매몰 비용 실험 질문을 변형하여 사용했습니다.

3 KDI에서 발행한 〈클릭경제교육〉에 관련 수업 방법을 소개했습니다. 김나영, 2014, '종이비행기 공장게임을 통해 알아보는 생산성', 〈클릭경제교육〉 2014 2월호, pp.28-31

▲ 수업 자료

Bergstrom, T. C. and Miller, J. H., 2000, Experiments with Economic Principles; Micro Economics. Boston: Irwin McGrow-Hill, pp.283-193을 참고해 수업을 재구성했습니다.

4 효용 극대화, 이윤 극대화 등 최적 선택을 알려면 미분 개념이 필요합니다. 여기서는 한계 효용과 한계 생산을 중심으로 적용 사례를 제시했습니다.

5 KDI에서 발행한 〈클릭경제교육〉에 관련 수업 방법을 소개했습니다. 김나영, 2013, '경매를 통해 알아보는 수요 곡선의 의미', 〈클릭경제교육〉 115, pp.28-31

▲ 수업 자료

6 수요의 가격 탄력성에 따라 가격을 다르게 책정하기도 하지만 묶음으로 팔 때 한 개당 가격을 낮게 파는 방법도 있어요. 두 가지 모두 '가격 차별'이라고 합니다. 한계 효용이 체감하기에 수요 곡선이 우하향하는 거잖아요(초코파이 실험 기억하지요?). 이를 이용해서 양을 많이 살 때 할인을 하는 걸 '2차 가격 차별'이라고 해요. 수요의 가격 탄력성이 큰 사람들은 수요 곡선의 모양 자체가 완만해서 가격이 조금 변해도 수요량 변화가 커요. 반대로 가격 탄력성이 작은 사람들의 수요 곡선은 가파르고요. 이런 걸 이용해서 가격을 다르게 매기는 걸 '3차 가격 차별'이라고 합니다. 동일한 사람이라도 상품에 따라 수요의 가격 탄력성이 다를 수 있습니다.

7 가격 결정 실험은 실험경제학 분야에서 오랫동안 연구되고 사용되어 왔습니다. Charles R. Plott, 1986, Laboratory Experiments in Economics: The Implication of Posted-Price Institutions, Science, 232(4751), pp.732-738

Bergstrom, T. C. and Miller, J. H., 2000, Experiments with Economic Principles;

Microeconomics. Boston: Irwin McGrow-Hill, pp.3-29
위 연구와 사례를 바탕으로 수업을 재설계했습니다.

8 KDI에서 발행한 〈클릭경제교육〉에 관련 수업 방법을 소개했습니다.
김나영, 2013, '사과시장게임을 통해 알아보는 가격 결정', 〈클릭경
제교육〉116, pp.28-31

▲ 수업 자료

9 함수 개념은 경제학 전반에 걸쳐 꽤 많은 영역에서 쓰입니다. 여기
서는 수요 함수와 공급 함수를 중심으로 사례를 제시했습니다.

10 KDI에서 발행한 〈클릭경제교육〉에 관련 수업 방법을 소개했습니
다. 김나영, 2013, '영상매체와 신문을 통해 알아보는 균형 가격의
변동', 〈클릭경제교육〉117, pp. 28-31

▲ 수업 자료

11 KDI에서 발행한 〈클릭경제교육〉에 수업 방법을 소개했습니다. 김
나영, 2013, '교복업체 사장이 되어 알아보는 독점과 카르텔', 〈클
릭경제교육〉 2013년 11월호, pp.28-31

Bergstrom, T. C., and Miller, T. C., 2000, Experiments with
Economic Principles; Micro Economics. Boston: Irwin McGrow-
Hill, pp.323-343; Yandell. D., 2002, Using Experiment, Cases, and

▲ 수업 자료

Activites in the Classroom. NJ: Prentice Hall, pp.45-56를 참고해 수업을 설계했습
니다.

12 게임 이론에 대한 통찰로 노벨 경제학상을 수상한 수학자 존 내시(Nash. J. F.,
1928~2015)의 이름을 붙여서 최적 대응 전략의 짝을 내시 균형이라고 불러요. 최
적 대응은 상대방의 특정 전략에 대항해서 자신에게 가장 높은 보수를 주는 전략
입니다. 나의 전략 X가 상대방의 특정 전략 Y에 대한 최적 대응이고, 상대방의 전
략 Y가 또 다시 전략 X에 최적 대응일 때, 전략 X와 전략 Y는 서로서로 최적 대응
이지요. 이때, 내가 전략 X를 사용하고, 상대방이 전략Y를 사용하는 것을 내시 균
형이라고 합니다.

13 다음 내용을 바탕으로 수업을 재구성하여 진행했습니다.
Bergstrom, T. C., and Miller, T. C., 2000, Experiments with Economic Principles;
Micro Economics. Boston: Irwin McGrow-Hill, pp.323-343
조영달, 2000, '교실 경제실험의 경제 교육적 적합성 연구: 역선택 개념의 교실실

험효과분석을 중심으로', 〈시민교육연구〉, 30, pp.299-337

14 Aklerlof, G. A., 1970, The Market for Lemons: Quality, Uncertainty, and the Market Mechanism, Quarterly Journal of Economics, 84(3), pp.488-500에서 '레몬 마켓에서의 역선택'이 처음으로 소개되었습니다.

15 Spence, A., M.,1973, Job Market Signaling. Quarterly Journal of Economics, 87(3), pp.355 – 374.

16 필자가 금융교육 자료집(오홍선, 강지영, 김나영, 박찬정, 이준혁, 임화자, 정은식, 2016, 〈자유학기제주제선택활동 자료집: 금융교육〉, 교육부-한국교육개발원, pp.50-57)에 본 수업의 교수학습지도안과 활동지를 수록했습니다.

17 KDI, 'PBL경제교육: 재무 설계의 달인'에 소개된 내용을 바탕으로 수업을 재구성했습니다.

18 우리나라 특허 제 10-1687791호 '사용분야별 한도제한 금융카드 결제시스템', 일본 특허 제 6368391호로 등록되어 있습니다.

19 우리나라 특허 제 10-1682646호 '임금 급여자의 가상계좌를 이용한 임금 인상분 저축방법'으로 등록되어 있습니다.

20 Statman. M., 1987, 'How Many Stocks Make a Diversified Portfolio?', JFQA.

그림 정진염

홍익대학교에서 시각디자인을 전공했다. 디자이너로 일하다 그림을 그리는 것이 좋아서 일러스트레이터 겸 그림책 작가가 되었다. 현재 일러스트레이터로 다양한 영역에서 작업을 하고 있다. 만든 그림책으로는 《몰래 몰래 서커스》가 있으며, 이 책의 일러스트레이션으로 '2021 볼로냐 올해의 일러스트레이터'로 선정되었다. 앞으로도 상상이 가득한 즐거운 그림을 그리고 싶다.

@jinyeom_illust

최강의 실험경제반 아이들

초판 1쇄 발행 2022년 4월 20일
초판 6쇄 발행 2022년 11월 15일

지은이 김나영
감수 이인표
그림 정진염
발행인 강선영·조민정
펴낸곳 (주)앵글북스
디자인 강수진

주소 서울시 종로구 사직로8길 34 경희궁의 아침 3단지 오피스텔 407호
문의전화 02-6261-2015 **팩스** 02-6367-2020
메일 contact.anglebooks@gmail.com
ISBN 979-11-87512-67-7 43300

전문가들의 추천사

《최강의 실험경제반 아이들》은 경제학에 관심 있는 중·고등학교 학생뿐 아니라 경제학을 공부하는 대학생들도 꼭 읽어야 할 책입니다. 저자는 13년간의 경제 교육 경험을 바탕으로 경제학을 스토리텔링으로 풀어내, 마치 현장에서 수업을 듣는 듯 쉽고 재미있게 경제 지식을 쌓을 수 있도록 이끕니다. **— 김세완**, 이화여대 경제학과 교수

점점 더 복잡해지는 현대사회에서 경제를 이해하고 현명하게 소비 활동과 돈 관리를 하는 것이 얼마나 중요한지는 새삼 강조할 필요가 없을 것입니다. 청소년들의 올바른 경제 교육을 위해 오래 활동해 온 저자의 소중한 경험과 지식을 모두 쏟아부은 이 책이야말로 우리나라 청소년들이 꼭 읽어야 할 책입니다. 기쁘게 추천합니다.

— 김완진, 서울대 경제학부 명예교수

실험경제반 교실은 늘 변화무쌍합니다. 어느 날은 사과를 사고파는 시장이, 예술품 경매장이 되기도 하죠. 아이들은 그 속에서 공급자와 수요자, 딜러 등 다양한 역할을 맡아 스스로 문제를 해결하며 살아있는 경제를 몸으로 익힙니다. 경제 마인드를 일찍 배운 학생들은 사회에 나가서도 현명한 판단과 합리적 선택을 하며 사회 현상을 보다 잘 이해할 수 있습니다. 이 책을 읽는 독자들도 실험경제반 아이들처럼 경제와 친구가 되어 보는 것은 어떨까요? **— 김형진**, 한국경제신문 경제교육연구소 팀장, 《읽으면 돈 되는 끝장 경제 상식》 저자

10년 넘게 저자가 실험경제반을 운영하는 것을 지켜보면서 경제 교육에 대한 열정이 '찐'이라는 걸 느꼈습니다. 《최강의 실험경제반 아이들》에는 효과적인 경제 교육을 해온 저자의 경험과 아이디어가 오롯이 녹아 있습니다. 아이들의 경제적 사고력과 수학적 논리력을 어떻게 키워 주어야 할지 고민하는 선생님들에게 이 책이 큰 도움이 될 것입니다. **— 박철용**, 서울국제고 교사

《최강의 실험경제반 아이들》은 똑똑하게 미래를 준비하려는 10대 독자들에게 신나고 재

미있게, 그리고 의미 있게 경제 공부를 할 수 있는 '최고의 기회'가 되어 주리라 확신합니다. 또한 선생님들에게도 현실적이고 친절한 체험 중심의 수업을 준비하는, 최고의 경제 수업 안내서가 되어 줄 것입니다. **__ 박형준**, 성신여대 사회교육과 교수

한마디로 '신선'합니다! 경제 지식은 아는 데 그치면 안 되고 이를 바탕으로 경제적 사고를 하며 경제 현상을 분석하고 흐름을 파악할 수 있어야 의미가 있습니다. 대부분의 경제 책들이 경제 지식을 이해시키는 데서 그치는데, 이 책은 경제 지식은 물론 경제적 사고방식을 자연스럽게 익히고 체화할 수 있도록 해 줍니다. 오랜 기간 학생들에게 제대로 경제 교육을 해 온 저자만이 쓸 수 있는 책이라 생각합니다.

__ 석혜원, 《돈과 금융 쫌 아는 10대》, 《주식회사 6학년 2반》 저자

덩샤오핑은 진리를 검증하는 유일한 수단은 '실천'이라고 말했습니다. 생활 속에서 경제적 사고를 통해 의사결정을 하기 위해서는 경제 이론을 이해하는 데 그치지 않고, 이를 활용해 사고하는 훈련이 병행되어야 합니다. 이 책에는 사과 시장 거래, 예술품 경매, 〈해리포터〉 시리즈의 마케팅 전략 등 경제 이론을 이해하는 데 도움이 되는 흥미로운 사례들이 가득 담겨 있습니다. 여러분도 이 책을 통해 실험경제반 아이들처럼 친구들과 함께 토론도 하고, 생활 속 숨은 경제 원리도 찾아보기를 추천합니다.

__ 송병락, 서울대 경제학부 명예교수, 전 서울대 부총장, 전 하버드대 초빙교수

경제는 앞으로 살아가는 데 있어 반드시 필요한 지식입니다. 특히 청소년기부터 경제적으로 사고하는 법을 훈련해야 성인이 되었을 때 생활 속에서 마주하는 여러 현상들을 잘 이해하고 대처할 수 있습니다. 실험경제반 아이들은 생활 곳곳에 스며 있는 경제 원리를 실험을 통해 자연스럽게 익히고 문제를 해결해 나갑니다. 독자들도 이 책을 읽으며 자연스럽게 경제 원리를 이해하고, 사회에 나가 맞닥뜨리게 될 문제들을 합리적으로 해결해 나가는 힘을 기를 수 있으리라 믿습니다. **__ 심재학**, 한국개발연구원(KDI) 경제교육실 실장

실효성이 적은 지금의 경제 교육의 한계를 걱정해 온 한 사람으로서 《최강의 실험경제 반 아이들》이 무척 반갑습니다. 이 책은 저자의 10여 년간 경제 교육 경험을 바탕으로 아이들에겐 어려운 경제와 수학 개념을 게임과 실험을 통해 보다 이해하기 쉽게 보여 줍니다.

— 유일호, 전 경제부총리

경제학을 어렵고, 따분하고, 실생활과 동떨어져 있다고 생각했다면 《최강의 실험경제 아이들》이 훌륭한 답이 되어줄 것입니다. 이 책은 경제학이 우리 삶에 꼭 필요하고 재미있는 학문이라는 것을 보여 줍니다. 자녀의 올바른 경제 관념과 실용적인 경제 교육을 고민하고 있다면 이 책을 함께 읽어 보길 권합니다.

— 이인표, 이화여대 국제대학원 교수

수학적으로 계산을 완벽하게 한다고 해서 세상의 흐름을 잘 파악하는 것은 아닙니다. 당대 최고의 지성으로 손꼽히는 뉴턴도 주식 투자에 폭망한 후, "내가 천체의 움직임은 계산할 수 있어도 인간의 광기는 계산할 수 없다"라고 말했습니다. 이 책은 수학을 좋아하거나 그렇지 않은 사람들도 인간 심리의 중요성을 깨닫게 해 줍니다. 이는 분명 우리가 뉴턴보다 이 세상을 보다 잘 이해할 수 있는 도구가 되어 줄 것입니다.

— 임상현, 양정중 교사, EBS 수학 교재 집필 및 검토

저자는 대학생도 어려워하는 경제 이론과 원리를 게임과 실험을 접목해 학생들의 흥미를 높여 중학교 수준에서도 교육하는 게 가능하다는 것을 증명해 냈습니다. 특히 경제 이론을 그래프와 수식에 의존하지 않고도 스토리텔링 형식으로 이해하기 쉽게 전달해, 놀랍도록 효과적인 경제 교육의 방향을 제시하고 있습니다.

— 최민식, 이화여대 사회과교육과 경제교육담당 교수

이토록 재미있는 경제학 책이라니! 더 놀라운 것은 실제로 학생들과 수업한 내용을 책에 그대로 담아냈다는 것입니다. 학생들과 함께 우리의 일상을 경제적 사고와 수학적 논리

로 풀어낸 이야기들을 읽으며, 나 선생이 내 아이의 학교 선생님이었으면, 하고 바랐습니다. 벌써부터 실험경제반의 다음 활동이 기다려집니다.

— **최정순**, 한국교육과정평가원 연구위원

이 책은 어렵고 딱딱하게 생각하기 쉬운 경제 원리들을 다양한 실험을 통해 체득하고, 실생활에 적용해 보면서 흥미로운 경제의 세계로 안내합니다. 실제 수업 내용을 엄선해 책으로 엮었기 때문에 학생들은 물론, 경제 수업을 하는 선생님들에게도 좋은 참고 자료가 될 것입니다.

— **하준호**, 하나고 교사

저자의 경제 교육에 대한 열정과 학생들을 사랑하는 마음이 책 속에 고스란히 담겨 있습니다. 여기에 담긴 생생한 체험 경제 교육은 학생들에게는 세상을 단단하게 살아갈 수 있는 힘이 되고, 동료 교사들에게는 알찬 수업을 위한 동기 부여가 되리라 믿습니다. 더불어 이 책을 통해 독자들이 복잡한 사회 현상의 이면에 숨어 있는 원리를 쉽게 이해하고, 소중한 삶의 지혜를 얻기를 기대합니다.

— **한민석**, 명덕외국어고 교사

실험경제반에서 시도한 여러 실험들은 경제 원리를 자연스럽게 이해하게 해 주는 혁신적인 방법입니다. 학생들은 이 책 한 권으로 희소성과 가격의 관계에서부터 현명한 돈 관리를 위해 꼭 알아 두어야 할 경제 지식에 이르기까지, 살아가는 데 필요한 모든 기본 경제 원리를 체험할 수 있습니다. 게다가 수학적 사고력까지 높일 수 있으니 일거양득이죠!

— **한진수**, 경인교대 사회과교육과 교수, 《청소년을 위한 경제학 에세이》 저자